I0136757

# ATLAS PORTATIF

POUR SERVIR A L'INTELLIGENCE

# DE L'HISTOIRE

## PHILOSOPHIQUE

## ET POLITIQUE

DES ETABLISSEMENS ET DU COMMERCE DES
EUROPE'ENS DANS LES DEUX INDES.

A AMSTERDAM,

Chez {E. VAN HARREVELT
{D. J. CHANGUION, } Libraires.

MDCCLXXIII.

4° G.
2363

# AVERTISSEMENT.

Nous nous acquittons avec empreſſement de l'obligation que nous nous ſommes impoſée, de donner au Public un petit *Atlas* relatif à *l'Hiſtoire Philoſophique & Politique des Etabliſſemens & du Commerce des Européens dans les deux Indes.*

Ce ſeroit en vain que nous nous appeſanterions ſur l'utilité de cette petite Collection; il n'eſt point de Lecteur, tant ſoit peu intelligent, qui n'ait deſiré de pouvoir accompagner ſes lectures, de l'inſpection des lieux que l'éloquent Hiſtorien lui fait parcourir. Surpaſſant par la rapidité de ſon ſtyle, la viteſſe des vaiſſeaux de nos Conquérans, l'imagination a peine à le ſuivre, la mémoire ſe trouve en défaut; mais ces inconvéniens diſparoiſſent par la reſſource que nous offrons au Public. Quelle ſatisfaction d'ailleurs de pouvoir juger par la poſition & la nature des contrées, des pays, des iſles dont il parle, de la juſteſſe des deſcriptions brillantes & pompeuſes qu'il en fait? de pouvoir apprécier par la facilité ou les obſtacles que préſentent des lieux qu'il montre à l'avidité européenne comme une conquête aiſée, la poſſibilité ou la difficulté de l'exécution?

Si c'étoit un livre ordinaire, notre entrepriſe ſeroit tout au moins inutile, mais les premieres Editions promptement épuiſées ſont un ſûr garant que nous ne nous ſommes pas trompés dans le jugement avantageux que nous en avons porté, & par conſéquent, que le ſoin que nous avons pris de raſſembler les Cartes qui peuvent en faciliter l'intelligence, ne peut être qu'agréable aux Lecteurs.

On pourroit ſoupçonner que l'Auteur n'a donné à ſon Hiſtoire le titre de *Philoſophique* que pour en impoſer à un ſiecle enthouſiaſte de tout ce qui porte le nom de philoſophie; mais à la lecture, il eſt aiſé de reconnoître qu'il n'avoit pas beſoin de ce foible ſecours, & que ſi réellement il a voulu donner quelque choſe à la manie de nos jours, ce n'a été que pour rendre plus ſenſibles ſes réflexions en les aſſaiſonant au goût du Lecteur. Nous ne croyons pas non plus que ſon but ait été d'attaquer la Religion; (c'eſt cependant à quoi ſe réduit en derniere analyſe ce qu'on appelle aujourd'hui Philoſophie) mais nous penſons que la conduite irréguliere & cruelle des premiers Conquérans Européens, leur inhumanité & leur barbarie, trop fidélement imitées par leurs ſucceſſeurs, ont arraché à l'Hiſtorien ſenſible, des Réflexions qui peut-être n'étoient pas entrées d'abord dans le plan de ſon ouvrage.

* 2

## 4

Quoi qu'il en foit, on ne peut nier que fon Hiftoire ne foit un morceau précieux & intéreffant, où il eft difficile de choifir entre les traits fublimes qu'il préfente à chaque inftant. Il faut convenir qu'elle eft remplie de vues qui, fans aller au détriment des Puiffances de l'Europe, leur indiquent les moyens de foulager l'Humanité accablée dans l'Afrique & dans les deux Indes, fous les fers de l'efclavage & fous la rigueur du Defpotifme.

Nous ne pouvons donc que nous féliciter d'avoir pu contribuer en quelque chofe aux bons effets que ce Livre peut produire, & nous nous flattons d'y avoir réuffi par le petit *Atlas* que nous y avons adapté. Outre l'avantage de mettre fous les yeux du Lecteur, les lieux que l'Auteur décrit, on pourra encore, en lifant la Table des Cartes, voir rapprochés l'un de l'autre, les différens endroits où l'Hiftorien a parlé du même pays, de la même contrée, de la même Ifle; avantage confidérable, puifqu'il épargne au curieux la peine de feuilleter fix volumes pour fe mettre au fait de ce que l'Auteur en a dit, & que cette Table des Cartes fupplée en quelque forte à une Table des Matieres qu'un Ouvrage auffi étendu paroît exiger.

Pour cela, nous avons difpofé les Cartes felon l'ordre de la narration, & nous avons indiqué de fuite les Tomes & les Pages où il eft traité des lieux repréfentés dans la Carte. Ce procédé met dans les matieres une fuite qu'on y chercheroit vainement, l'Ecrivain ayant toujours fuivi l'ordre des Découvertes, ou les Voyageurs des différentes Nations, fans égard à la pofition Géographique. Cette méthode fourniffoit bien plus à fon imagination brillante; mais elle l'a engagé à revenir plufieurs fois fur les mêmes objets avant que de les épuifer, & notre Table réunit fous un coup d'œil tout ce qu'il en a dit.

L'objet principal de l'Hiftorien étant de faire connoître les Etabliffemens des Européens dans les deux Indes, pour nous conformer à fon intention, nous avons donné les Cartes de ces contrées les plus détaillées qu'il nous a été poffible, renvoyant, pour ce qui regarde l'Afrique, à la Mappemonde, tant pour ne point trop multiplier les Cartes, que parce que cette partie du Globe entre moins directement dans le plan de l'Auteur.

Ce petit Atlas eft compofé de 46 Cartes très-proprement enluminées. On pourra fe le procurer au prix de 7 florins jufqu'au 1er Novembre de cette année; paffé ce terme, il fe vendra dix florins.

# TABLE INDICATIVE

DES PAYS, DES ROYAUMES ET DES ISLES DONT IL EST
TRAITÉ DANS *L'HISTOIRE PHILOSOPHIQUE DES
ETABLISSEMENS DES EUROPÉENS DANS LES DEUX
INDES.* AVEC LES RENVOIS AUX CARTES QUI EN
FACILITENT L'INTELLIGENCE.

## TOME I.

( 6 )

## TOME I.

## TOME II.

## TOME III.

## TOME IV.

( 9 )

## TOME VI.

# LISTE DES CARTES DE CET ATLAS.

# MAPPE ⹀ MONDE

ou *DESCRIPTION du GLOBE TERRESTRE*

Dressée d'après les Observations les plus exactes.

Pour servir à l'Intelligence de
l'Histoire Philosophique des
Etablissemens Européens
dans les deux Indes.

1773.

# CARTE DES ISLES DE MADERE ET PORTO SANTO,

*Dressée sur les Journaux des plus habiles Navigateurs.*

## Echelle

Lieux Communes de France de 25 au Degré,

Schaal van 25 Gemeene - Fransche Mylen, uitmaakende een Graad.

1 2 3 4 5    10    15    20    25 Lieues

ISLE DE MADERE

ISLE DE PORTO SANTO

Les Illes Desertes: De Woeste Eilanden.

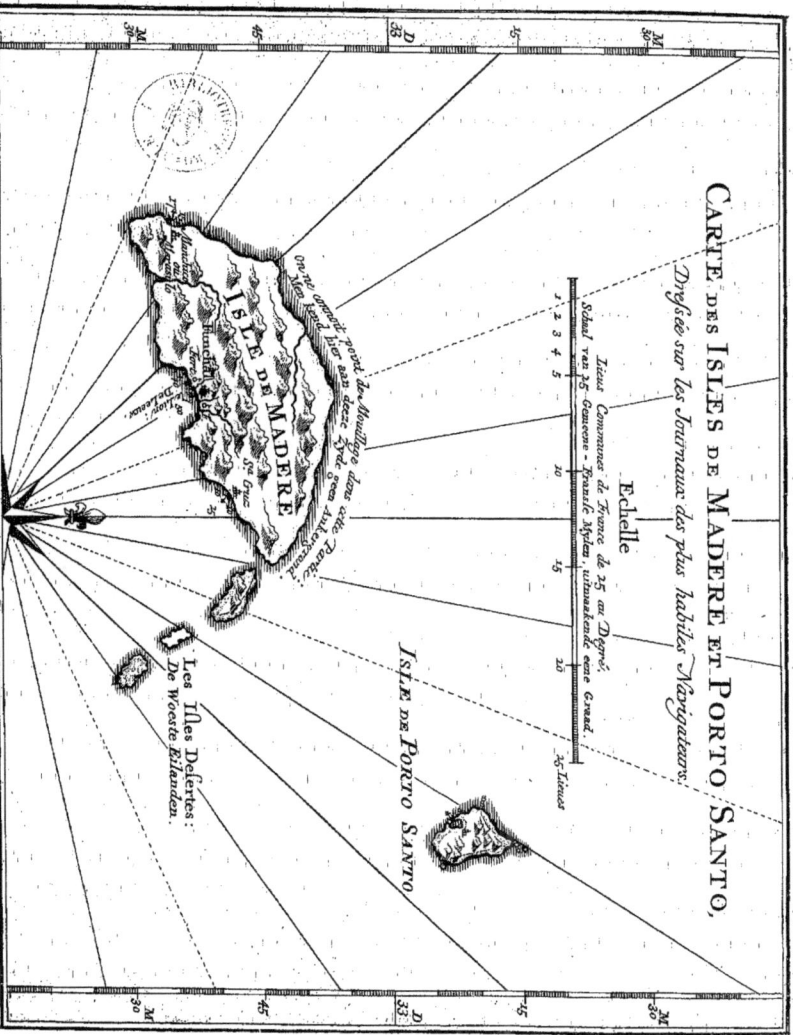

KAART van de EILANDEN van MADERA en PORTO SANTO,
Geschikt volgens de Dagbregisters, der bequaamste ZEELIEDEN.

2.

CARTE
DES ISLES CANARIES
Dressée sur les Journaux des
Navigateurs
par N. BELLIN Ingenieur de la
Marine
1746.

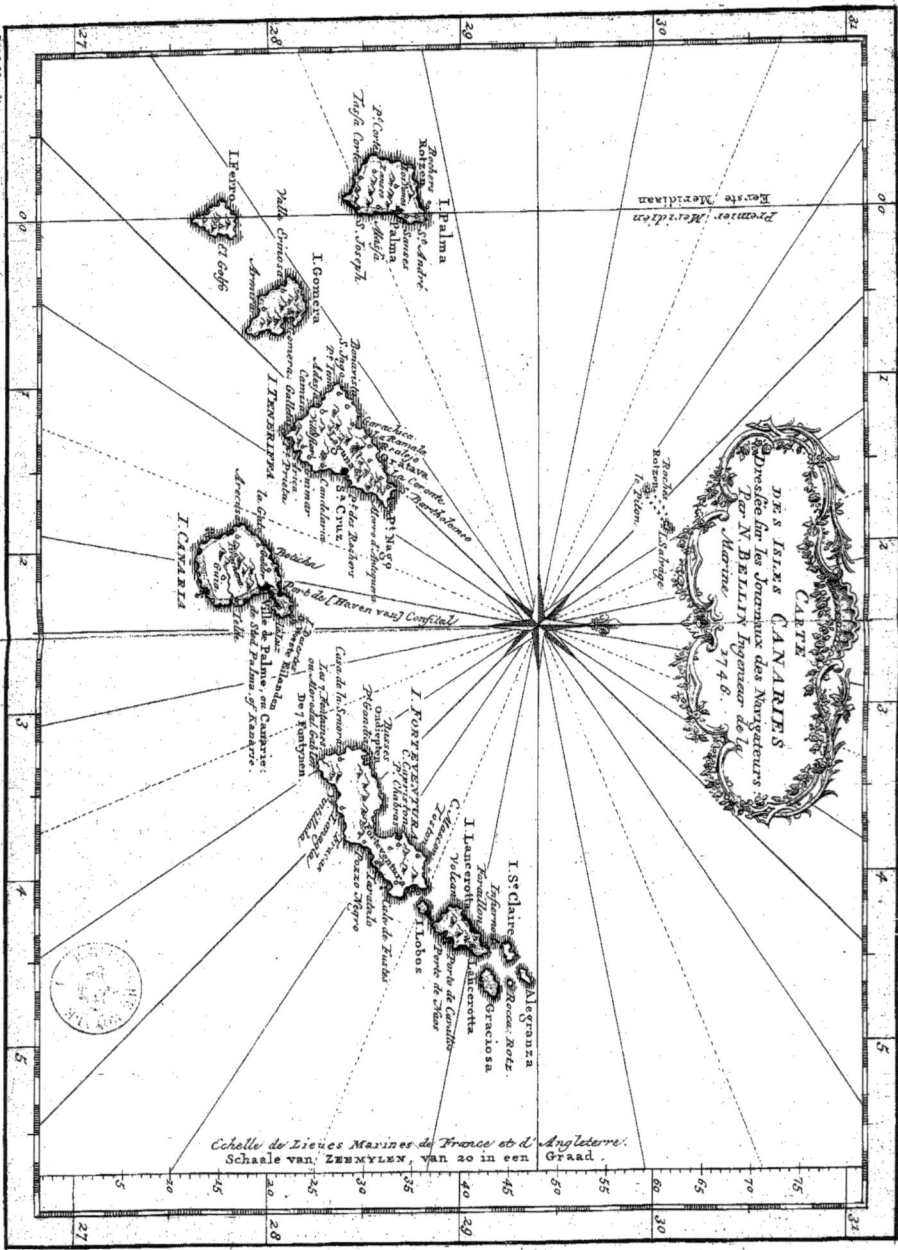

KAART van de KANARISE-EILANDEN, gerigt op de Daghregisters der Zeelieden,
Door N. BELLIN, Ingenieur van de Fransche-Zeemagt, A° 1746.

Premier Meridien — Eerste Meridiaan

I. Palma

I. Ferro — el Golfo

I. Gomera

I. Teneriffa

I. Canaria

I. Forteventura

I. Lancerotta

Graciosa

Alegranza

Ste Claire

I. Lobos

Echelle de Lieues Marines de France et d'Angleterre.
Schaale van ZEEMYLEN, van 20 in een Graad.

**KAART VAN HINDOESTAN, volgens de nieuwste Kaarten, 1ste Blad, Door den Hr. Bellin.**

FRONTIER

SIDE DE PERSE

CANDAHAR

CABOUL KABARES

PEIT TIBET

SIGISTAN

ARROKHAGE

THURAN

MULTAN

HASAKAN

SIND

BANDO

JESSELMIRE

Desert

TROPIQUE DU CANCER

GOLPHE DE SINDI ou DE L'INDE

GUZARATE

PATNA UDESSA

BERAR

BENGALE

TIBET

Chetigan

Tropique du Cancer

ECHELLES

CARTE DE L'INDOUSTAN
Suivant les Cartes les plus récentes,
conciliées avec les Relations et les Détails
Géographiques insérés dans l'Histoire
des Établissemens Européens.
1.re Feuille
Par M. Bellin Ing.r de la Marine
1752.

Longitude Orientale de Paris.

Longitude de l'Isle de Fer.

Suite de la Carte de

# L'INDOUSTAN

IIᵉ Feuille, Comprenant

## LA PRESQU'ISLE DE L'INDE

Pour servir à l'Histoire des Etablissemens Européens

### Echelles

_Lieues communes de France de 25 au Degré_

_Gatos antica dans l'Indoustan_

_Cosen gebruykelyk in Hindoestan._

ISLE DE CEYLAN

CARNATE

COSTE DE COROMANDEL

Baye de Trinquemale

KAART van de KUST van ARABIË, de ROODE-ZEE en de GOLF van PERSIË.

Gemaakt na de Fransse-Kaart van den Oosler-Oceaan, uitgegeven dr 1740, op Bevel van den Hre Grave de Maurepas:
Vermeerderd, op byzondere Aanmerkingen, en geschikt volgens Sterrekundige-Waarneemingen.

Carte de la Côte
D'ARABIE,
Mer-Rouge & Golfe de Perse.

Tirée de la
Carte de l'Océan Oriental
Publiée en 1740 par Ordre de Mr
le Comte de Maurepas:
Augmentée sur des
Remarques Particulieres
et dressée sur des
Observations Astronomiques.

ARABIA

PERSIA

MER ROUGE ou GOLFE DEN ARABIE

GOLFE DE PERSIE

Bandar Abbasi

Gomrun, Gamron, ou
Bandar Abbasi

Sokotra

Tropicus Cancri

CARTE DE
L'ISLE DE CEYLAN,
Pour Servir à l'Histoire
des ETABLISSEMENS EUROPEENS
Par N. Bellin Ingenieur de la Marine.
1750.

KAART VAN 'T EIAND CEILON,
Om te dienen voor de Hist. Besch. der Volk². Door N.Bellin, Ingenieur des Franschen Zeevaerds. 1750.

Echelle de dix Lieues Marines de 20 au Degré
1 2 3 4 5 10
Schaal van tien Zee-Mylen van 20 in een Graad

5o.

Hieri

Taconni ou
Fort Willemstadt

I. TERNATE

Gammalamma

Miterra

Maricco
Petit Marico

I. POTTEBACKERS

Fort Nassau

I. MOTIR

Fort Maurice

Taffasoho
I. MACHIAN                    Nahaca
Tahoula

4o.

3o.

2o.

1o.

5

Taluco
Malayo ou F. d'Orange
S. Pedro

Tahoula

I. TIDOR

PARTIE DE L'ISLE DE GILOLO

Equator
5o.m        145. Deg.        15o.m        20.m
Longitude de l'Isle de Fer
Lengte van t Eiland Ferro
5                Manen                    I. BACHIAN        Tabova
Fort Barneveld

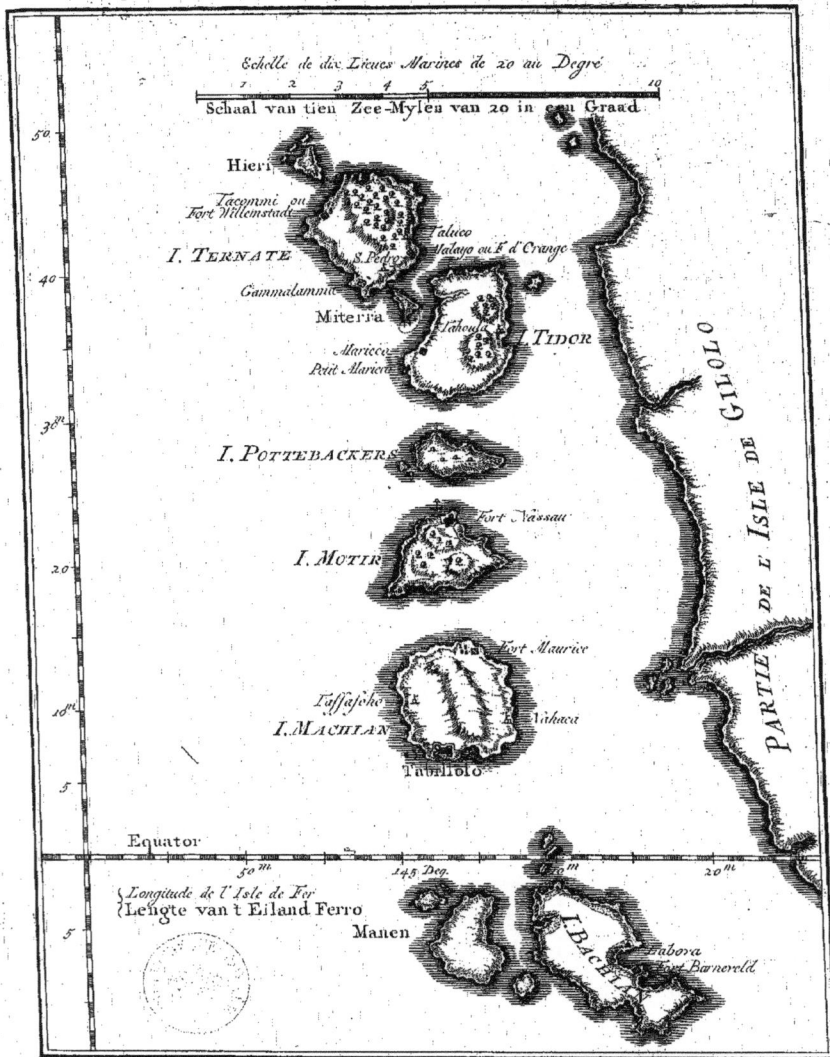

CARTE PARTICULIERE DES ISLES MOLUQUES.
BYZONDERE KAART DER MOLUKZE EYLANDEN.
7.

'T KEIZERRYK van CHINA, om te dienen tot de HISTORISCHE BESCHRYVING der REIZEN, door N. BELLIN, Ingenieur des Franschen Zeevaarts. 1748.

ROY.me DE PEGU
KONINGRYK PEGU

ROYAUME DE TUNQUIN
KONINGRYK TONGKIN

GOLFE DE TUNQUIN
GOLF VAN TONGKIN

I. HAYNAN

MER DE CHINE

CHINEESE ZEE

CARTE DE TARTARIE
LES TARTARES MONGOLS
MONGOUSE of MONGAALSE TARTAAREN

CHENSI
XI
CHANSI
HONAN
CHAN-TONG
GOLFE DE PICHELI

KOREA
ROYAUME DE CORÉE
KONINGRYK KOREA

MER DE CORÉE
ZEE VAN KORÉA

I. TAY-WAN ou FORMOSA

L'EMPIRE DE
LA CHINE
POUR SERVIR A L'HISTOIRE
DES VOYAGES
Par N. BELLIN Ing.r ord.e du Roy 1748.

QUEI-CHEU
YUN-NAN
HU-QUANG
QUANG-TONG
QUANG-SI
FOKIEN
KIANG-SI
SE-TCHUEN

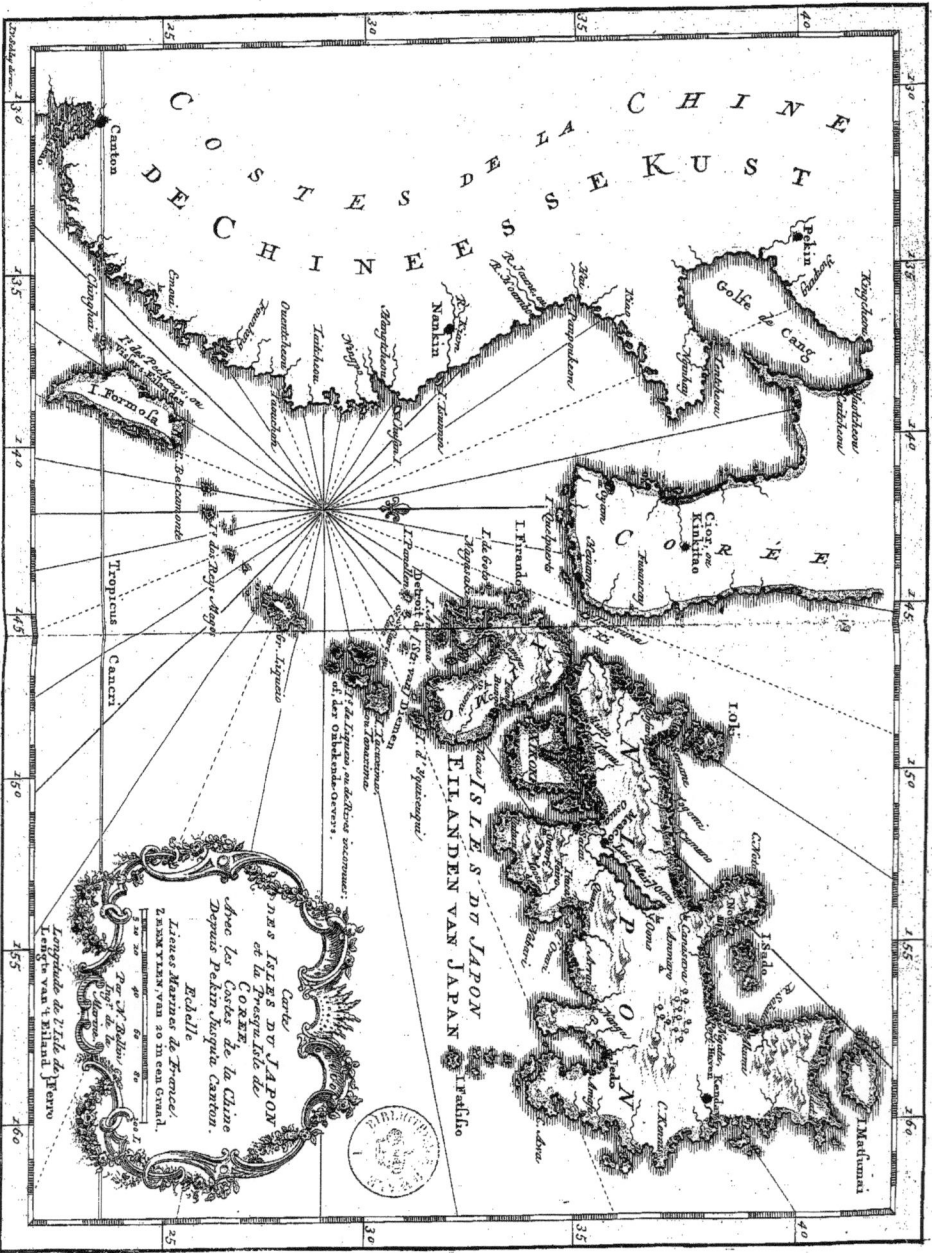

COSTES DE LA CHINE

DE CHINEESSE KUST

Golfe de Cang

Pekin
Peking

Kingtchou

Nankin

C.ior. ou Kinkitao

CORÉE

I. Formosa

Tropicus Cancri

Canton

ISLES DU JAPON

EILANDEN VAN JAPON

I. Oki

I. Sado

Matſumai

Carte
DES ISLES DU JAPON
et la Presqu'île du
CORÉE
Avec les Costes de la Chine
Depuis Pekin jusqu'à Canton.

Echelle
Lieues Marines de France.

BYZONDERE KAART VAN HET EYLAND AMBOINA.

Echelle de deux Lieues d'Allemagne
Schaal van twee Duytsche Mylen.

CARTE
PARTICULIERE
DE
L'ISLE
D'AMBOINE

J. v. Schley direx.

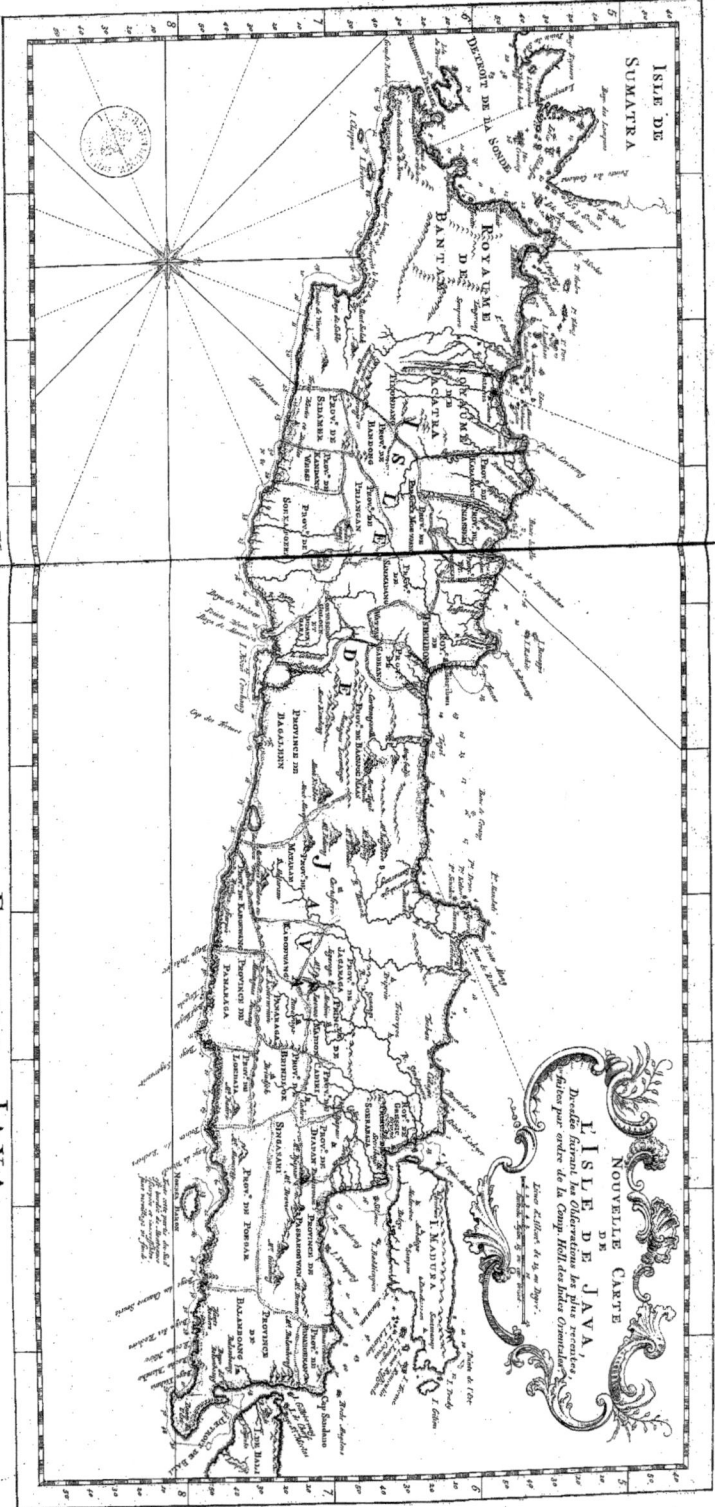

NIEUWE KAART VAN HET EILAND JAVA,
Geschikt volgens de jongste Waarneemingen, op Order der Nederlandsche O. I. Maatschappy gedaan.

ISLE DE SUMATRA

DETROIT DE LA SONDE

ROYAUME DE BANTAM

ISLE DE JAVA

NOUVELLE CARTE DE L'ISLE DE JAVA,
Dressée suivant les Observations les plus exactes, faites par ordre de la Comp. Holl. des Indes Orientales.

I. MADURA

48

J.v. Schley direx.

KAART
van de EILANDEN van
JAVA, SUMATRA,
BORNEO, enz.
Van de STRAATEN van SUNDA,
MALAKKA en BANDA,
Van de GOLF van SIAM, enz.
Vermeerderd, verbeterd,
Aanmerkingen

Carte
Des Isles de
JAVA, SUMATRA
BORNEO &c
Les Detroits de la Sonde,
Malaka, et Banca,
GOLFE DE SIAM &c.
Par M. Bellin Ing.r de la Marine
Augmentée sur des Remarques
particulieres.

Equator

G.te I Fortunn
Eil Goek Fortunn

I Misuta

I.Nias

S I A M

GOLFE DE SIAM

TSIAMPA

DETROIT DE LA SONDE

J A V A

S U M A T R A

B O R N E O

C E L E B E S

I. Mindoro
I.s Calamines
I. Paragoa
I. Mindanao

Detr. de l'Estroit van Makassar

Equator

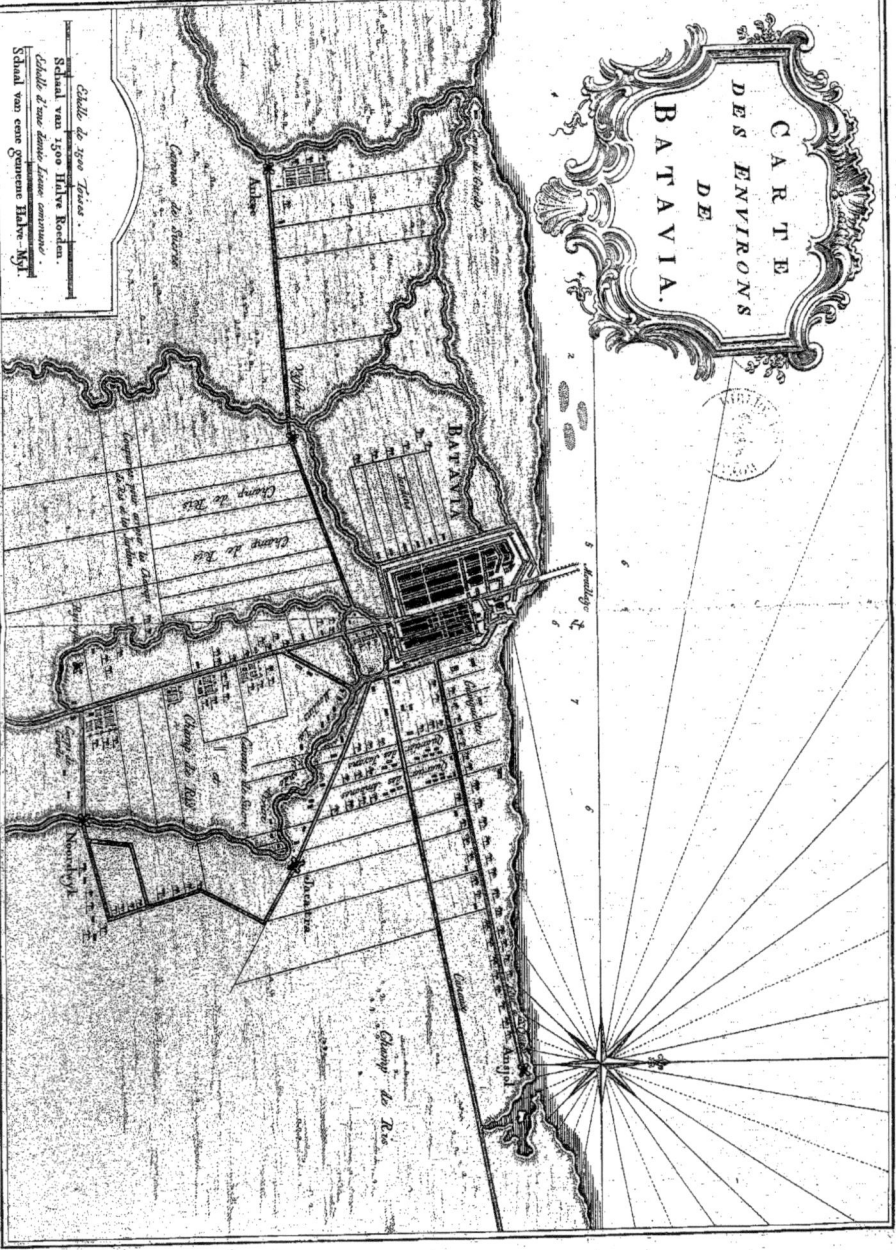

CARTE
DES ENVIRONS
DE
BATAVIA.

KAART van de BUITENSTREEKEN van BATAVIA.

CARTE
DES ROYAUMES DE
SIAM,
DE
TUNQUIN,
Pegu, Ava, Aracan, &c.
Pour Servir a l'Histoire
des Etablissemens Européens.

ROYAUME D'AVA

ARACAN

ROYAUME DE PEGU

ROYAUME

ROYAUME DE LAOS

SIAM

ROYAUME DE TUNQUIN

GOLFE DE SIAM

COCHINCHINE

CHINE

GOLFE DE TUNQUIN

I. DE HAINAN

MALACA

KAART DER KONINGRYKEN SIAM, TINKIN, PEGU, AVA, ARAKAN &a.
Om te dienen tot de HISTORISCHE BESCHRYVING der VOLKPL.

CARTE DE LA BAYE DE LA TABLE
ET RADE DU CAP DE BONNE ESPERANCE
Dressée sur Divers Manuscrits par N.B. Ingr. de la Marine.
Echelle de Quatre Lieues Marines
Schaal van vier ZEE-MYLEN.

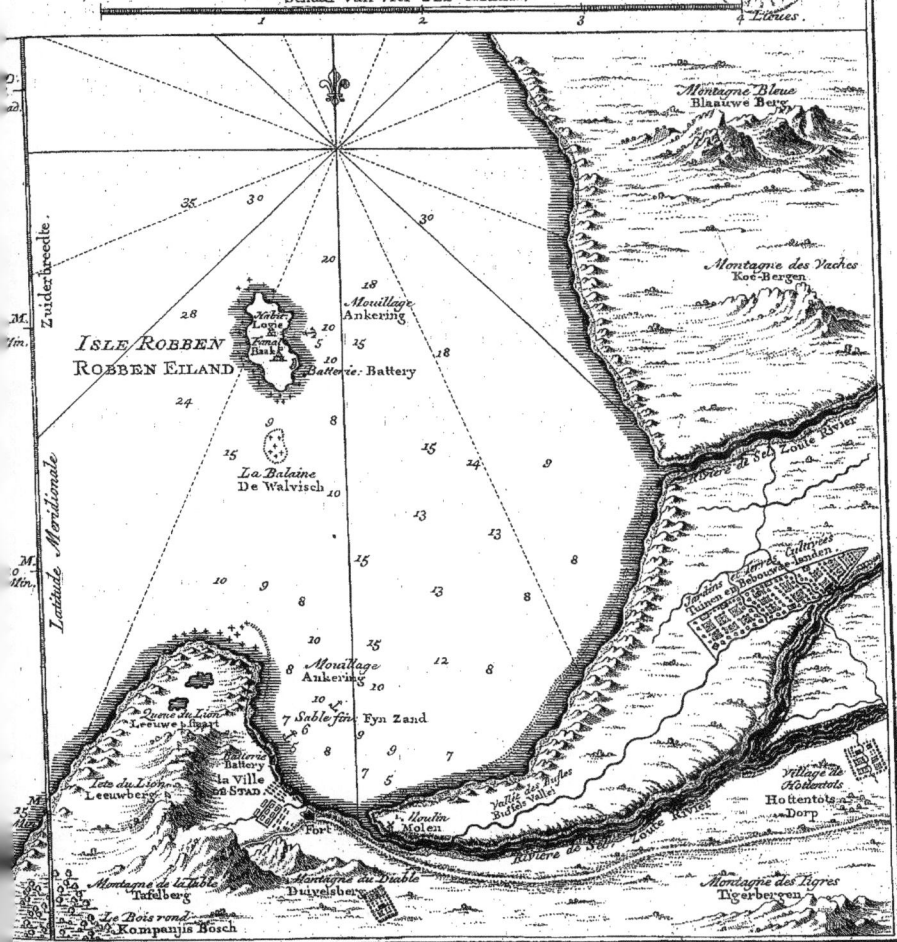

1                2                3                4 Lieues.

Montagne Bleue
Blaauwe Berg

Montagne des Vaches
Koe-Bergen

Zuiderbreedte.

Mouillage
Ankering

ISLE ROBBEN
ROBBEN EILAND

Batterie: Battery

La Balaine
De Walvisch

Latitude Méridionale

Mouillage
Ankering

Queue du Lion
Leeuwe staart

Battery
la Ville
en STAD

Tete du Lion
Leeuwberg

Moulin
Molen
Fort

Sable fin: Eyn Zand

Vallée des Buffles
Bussels Valley

Village de
Hottentots
Hottentots
Dorp

Montagne de la Table
Tafelberg

Le Bois rond
Kompanjis Bosch

Montagne du Diable
Duivelsberg

Montagne des Tigres
Tigerbergen

J. v. Schley direx.

KAART der TAFELBAAI en RÉE van KAAP de GOEDE HOOP,
Geschikt op verscheide HANDSCHRIFTEN, door N.B. Ingenr des Franssen Zeevaards.

15

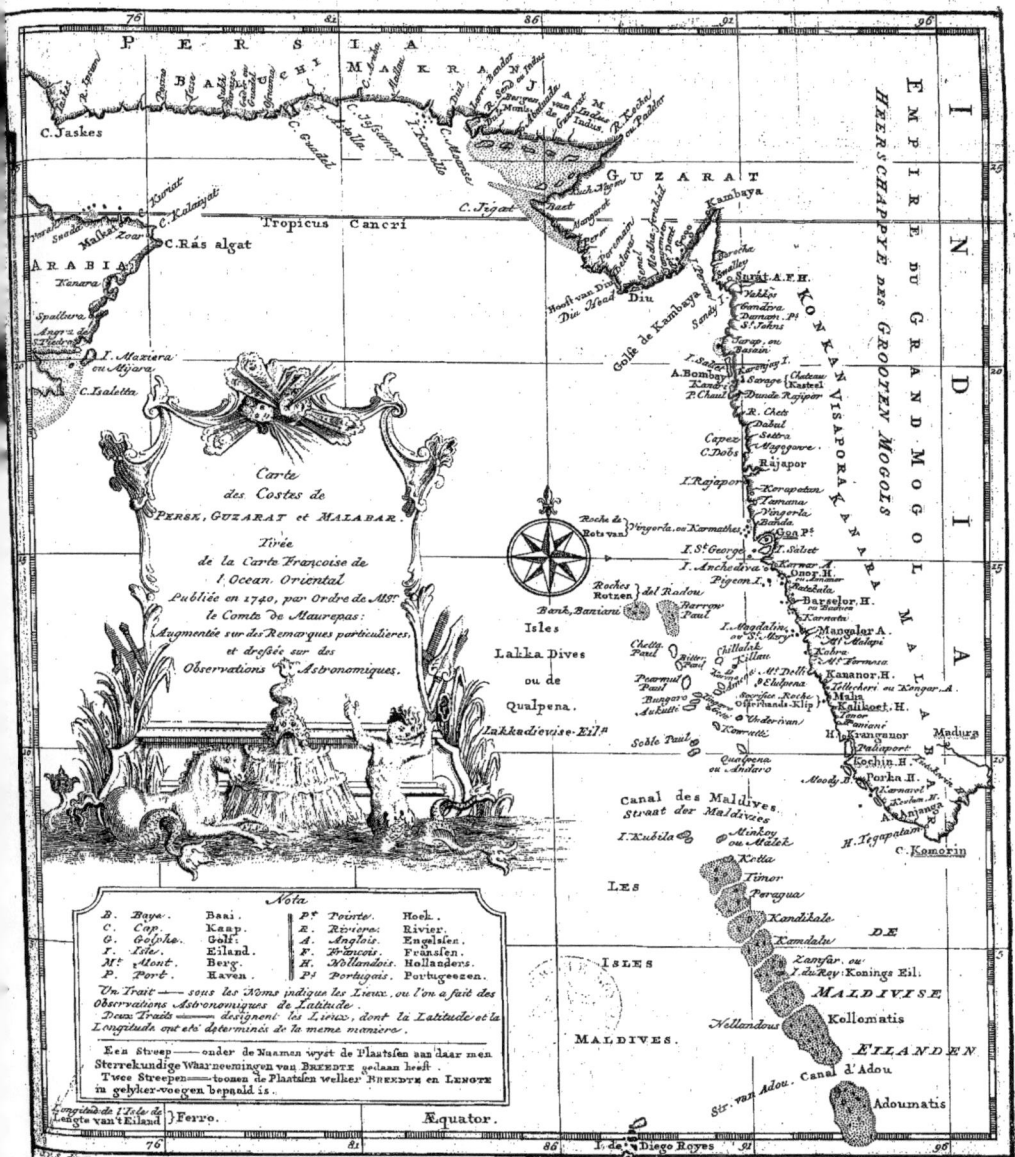

PERSIA

BALUCHISTAN

MAKRAN

C. Jaskes

Kuriat

Maska Zoar

C. Kalinjati

C. Ras algat

ARABIA

Kanara

Spalbara

Angra

I. Maziera
ou Mзjara

C. Isaletta

Tropicus Cancri

GUZARAT

C. Tegat

Golfe de Kambaya

Kambaya

Diu Head
Diu

EMPIRE DU GRAND MOGOL

HEERSCHAPPYE DES GROOTEN MOGOLS

INDIA

Surat A.F.H.
Vakka
Gandeva
Damon
St. Jahns
Sarap, ou
Bassein
I. Salsey
Karanjey I.
A. Bombay
Kandri
P. Chaul
Chateau
Savage Kastel
Dande Rajepor
R. Chets
Dabul
Settra
Morgowre
Rajapor

Capez
C. Dobs
I. Rajapor

Keropetan
Tamana
Vingerla
Bahda
Vingerla, ou Karmathes
Roche de
Zets van
I. St. George
I. Anchediva
Pigeon I.
L. Salset
Goa Pt.
Karwer
Onor H.
Karnata
Badala
ou Karnate
Barcelor, H.
Mangelor A.
Kobra
Al. Formosa
Mt. Delli
S. Chipena
Al. Delli
Hossari ou Hongar H.
Mala
Kalikoet H.
Kranganor H.
Padiapor
Kochin H.
Porka H.
Karnavel
Koelan H.
Anjenga
C. Komorin

KONKA VISAPORA KANARA MALABAR

Carte
des Costes de
PERSE, GUZARAT et MALABAR.
Tirée
de la Carte Françoise de
l'Ocean Oriental
Publiée en 1740, par Ordre de Mst.
le Comte de Maurepas:
Augmentée sur des Remarques particulieres,
et dressée sur des
Observations Astronomiques.

Roches
Rutzen
Roches
del Radou
Bank, Baniani
Barrow
Paul
Chetty
Paul
Pitter
Paul
Pearmul
Paul
Bangoro
Paul
Aukutti

Isles
Lakka Dives
ou de
Qualpena.

Lakkadievise-Eilt.

Sohle Paul

Qualpena
ou Andaro

I. Magdalin
ou St. Mary
Chillalak
Killan
Sacrifice Roche
Osterhands-Klip
Onder-vun
Korowetti

Kananor H.
Moody B.

Madura

Canal des Maldives
Straat der Maldives
I. Kubila
Minkoy
ou Malek
Kotta
Timer
Peragua

LES
Kandidale
Kamdalu
Zansar, ou
I. du Rey Konings Eil.
Kollomatis

Nollandus

ISLES

DE
MALDIVISE

EILANDEN

MALDIVES.

Canal d'Adou
Str. van Adou

Adounatis

Nota
B.  Baye.        Baai.      Pt.  Pointe.    Hoek.
C.  Cap.          Kaap.      R.   Riviere.   Rivier.
G.  Golphe.     Golf.       A.   Anglois.   Engelsen.
I.  Isle.           Eiland.    F.   François.  Fransen.
Mt. Mont.        Berg.       H.   Hollandois. Hollanders.
P.  Port.          Haven.    Pl.  Portugais.  Portugeezen.
Un Trait —— sous les Noms indique les Lieux, ou l'on a fait des
Observations Astronomiques de Latitude.
Deux Traits ═══ designent les Lieux, dont la Latitude et la
Longitude ont été determinés de la meme maniere.
Een Streep —— onder de Naamen wyst de Plaatsen aan daar men
Sterrekundige Waarneemingen van BREEDTE gedaan heeft.
Twee Streepen ═══ toonen de Plaatsen welker BREEDTE en LENGTE
in gelyker-voegen bepaald is.
Longitude de l'Isle de
Longte van't Eiland } Ferro.                    Æquator.

MALDIVES.

Æquator.
I. de Diego Royes

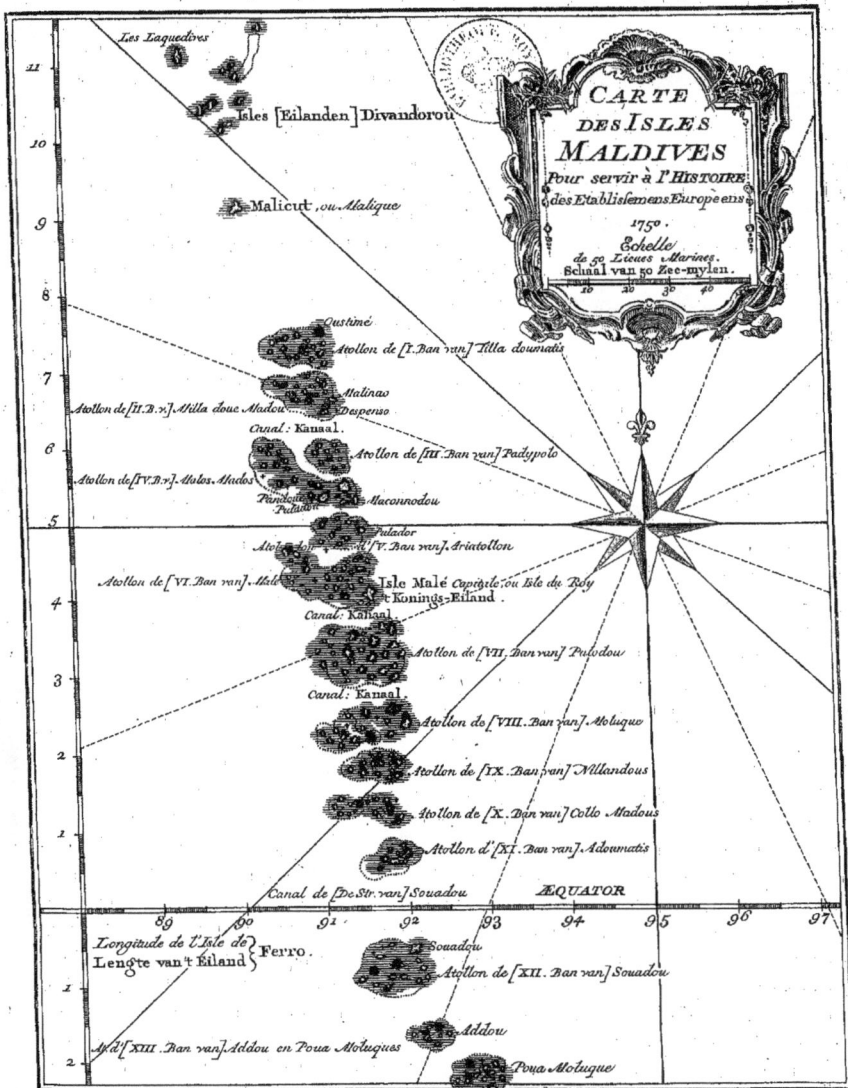

Les Laquedives

Isles [Eilanden] Divandorou

Malicut, ou Malique

CARTE
DES ISLES
MALDIVES
Pour servir à l'HISTOIRE
des Etablissemens Europeens
1750.
Echelle
de 50 Lieues Marines.
Schaal van 50 Zee-mylen.

Oustimé
Atollon de [I. Ban van] Tilla doumatis

Matinao
Despenso
Atollon de [II. B. v.] Atilla douc Madou
Canal: Kanaal.
Atollon de [III. Ban van] Padypolo
Atollon de [IV. B. v.] Atolos Mados
Pandou
Palador
Maconnodou
Pulador
Atollon de [V. Ban van] Ariatollon
Atollon de [VI. Ban van] Male
Isle Malé Capitale ou Isle du Roy
't Konings-Eiland.
Canal: Kanaal
Atollon de [VII. Ban van] Pulodou
Canal: Kanaal
Atollon de [VIII. Ban van] Moluque
Atollon de [IX. Ban van] Nillandous
Atollon de [X. Ban van] Collo Madous
Atollon d'[XI. Ban van] Adoumatis
Canal de [De Str. van] Souadou                    ÆQUATOR

Longitude de l'Isle de
Lengte van 't Eiland } Ferro.
Souadou
Atollon de [XII. Ban van] Souadou

A d'[XIII. Ban van] Addou en Poua Moluques        Addou

Poua Moluque

KAART DER MALDIVISE EILANDEN,
om te dienen voor de HIST. BESCHR. der VOLKPL. 1750.

27.

NIEUWE KAART VAN HET KONINKRYK BENGALE.

NOUVELLE CARTE DU ROYAUME DE BENGALE

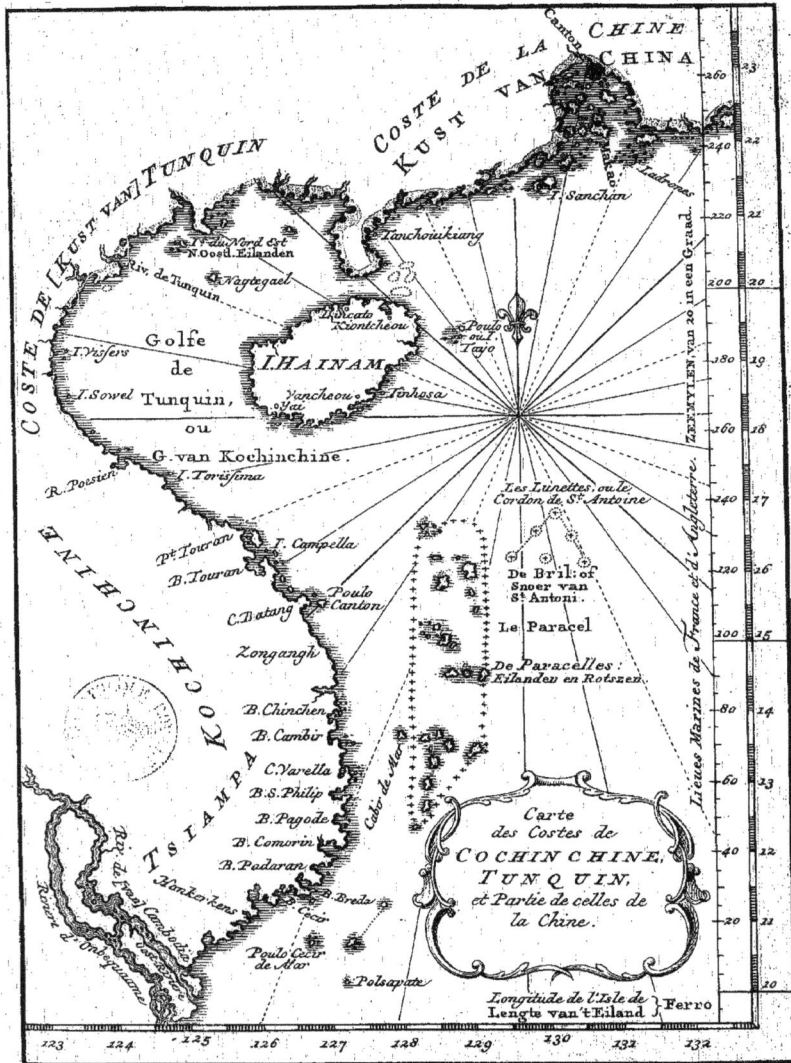

KAART van de KUSTEN van KOCHINCHINE, van TUNQUIN, en Gedeeltelyk van de CHINEESSE - KUST.

CHINE

COSTE DE LA CHINA
KUST VAN CHINA

Canton

COSTE DE [KUST VAN] TUNQUIN

COSTE DE KOCHINCHINE

TSIAMPA

Ladrones

I. Sanchan

Tonchouikiang

I. du Nord of N. Oost. Eilanden

Riv. de Tunquin

Nagtegael

I.Scato Kiontcheou

Pouli ou Tajo

Golfe de Tunquin, ou G. van Kochinchine.

I.HAINAM

I.Visers

I.Sowel

Yancheou Yai

Sinhosa

R.Poesien

I.Torisima

Les Lunettes, ou le Cordon de St. Antoine

Pt.Touran

I.Campella

B.Touran

C.Batang

Poulo Canton

Zongangh

De Bril of Snoer van St.Antoni.

Le Paracel

De Paracelles: Eilanden en Rotszen

B.Chinchen

B.Cambir

C.Varella

B.S.Philip

B.Pagode

B.Comorin

Cabo de Nao

B.Podaran

Carte des Costes de COCHINCHINE, TUNQUIN, et Partie de celles de la Chine.

Yonko Reis

Ccij

Breda

Riv. Royl Cambos

Kaart d Onbequam

Poulo Cecir de Alor

Polsapate

Longitude de l'Isle de Lengte van 't Eiland Ferro

ZEEMYLEN van 20 in een Graad.

Lieues Marines de France et d'Angleterre.

160   23
240   22
220   21
200   20
180   19
160   18
140   17
120   16
100   15
80   14
60   13
40   12
20   11
10

123   124   125   126   127   128   129   130   132   132

Carte
des Isles
PHILIPPINES
CELEBES,
ET MOLUQUES.
Echelle de Cent Lieues Marines de France
Schaale van Honderd Zeemylen, 20 in een Gr.
10 20 30 40 50 100

*Nota*
Quoique cette Carte soit dressée avec toute l'exactitude possible, on a suprimé les noms de beaucoup de petites Isles, pour éviter la confusion, n'ayant besoin icy que de la position générale, le detail viendra ensuite.

Hoewel dit Kaartje met alle mogelyke Naauwkeurigheid geschikt is, echter heeft men 'er de Naamen van veele klyne Eilandjes uitgelaaten, om Verwarringe te myden: de Hoofdschikkinge is hier maar noodig, en de Onderdeelinge zal volgen.

C. Bajador
Palanguan
C. Engano

LES I.

DE

CONIA
ou
MANILLE

Baye
de Manille
I. Polo
I. Lubang
I. Mindor
I. Calamines
Linapacan
I. de Parago
I. Paney
I. des Negres
Neg. ou Fil.
I. Balaba

C. du S. Esprit
I. Samar
FILIPPYNSE

PHILIPPINES
DANAO
EILANDEN
I. St Jean
I. Jolo
I. Moingis

I. Sangua

Noort Borneo
I. DE
[EILAND VAN]
Equator
Detr. de I. St. ou I. de Makassar

CELEBES,
ou
MAKASSAR
I. DE

LES
I. Morotai
I. Gilolo
Ternate
Tidor
DE
ISLES
N. Guinée
I. Ouby
MOLUKSE

BORNEO
Poulo Laut
Makassar
Balanga
I. Seyer
Sapolleca
Nullu
MOLUQUES
Amboina
I. Banda
Ceram
Lucapares
EILANDEN

I. Madura
JAVA
Bali
Lomboc
Combava
I. Zone
Omba
Sida ou I. Zone
I. Said
I. Timor
I. du Volcan: Brandt Eiland
't Hoog-Eiland
I. Nibete

Longitude de l'Isle de Ferro
Lengte van 't Eiland.

J. V. Schley direx.

KAART van de FILIPPYNSE, CELEBES, en MOLUKSE-EILANDEN.

70.

CARTE DE LA TARTARIE OCCIDENTALE *Pour servir à l'Histoire des Etablissemens Europeens. Tirée des Auteurs Anglois. Par J.' Bellin, Ingenieur de la Marine 1749.*

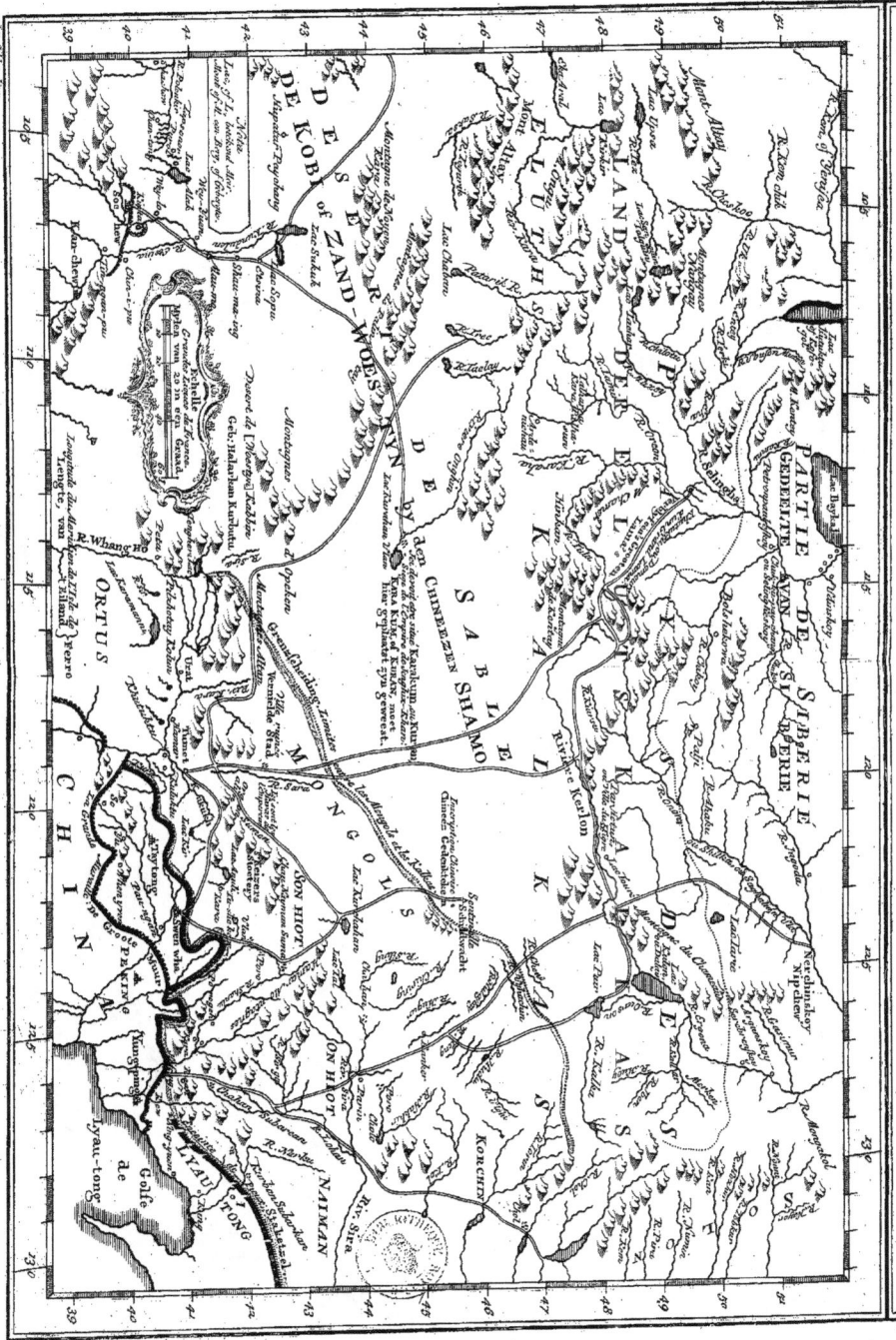

KAART VAN **WEST-TARTARYE**, *getrokken uit de Kaarten der Jezuiten en de Kaart des Russfiёlen Ryks van den* H.' KYRILLOW. *Op de* ENGELSCHE *in dit Bestek gebragt, door* N. BELLIN, 1749.

PARTIE DE SIBERIE GEDEELTE VAN SIBERIE

DESERT DE KOBI of ZAND-WOESTYN

LAND DER ELUTH

DE SABLE SHAMO

CALKAS

KARAKAS

MONGOLS

ORTUS

CHINA

ON HIOT

NAIMAN

KORCHIN

PEKING

LYAU-TONG

Golfe de LYAU-TONG

R. Whang Ho

Echelle

Longitude du Meridien de l'Isle de Fero Lengte, van 't Eiland

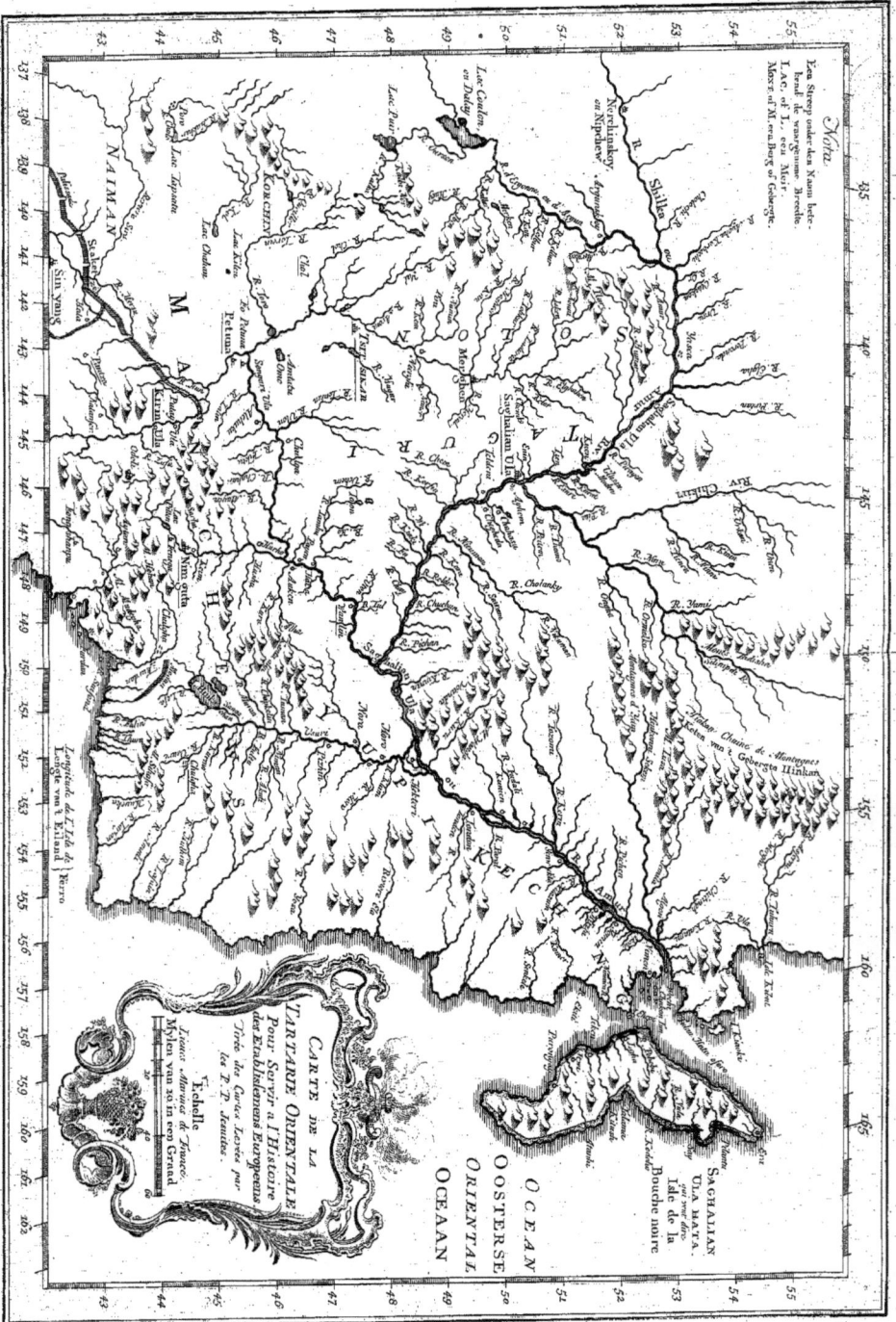

KAART van OOST-TARTARYE, gelyk die geligt is door de JEZUÏTEN Aº 1709-10-en 11. Op de ENGELSCHE in dit Beetek gebragt

*Nota.*
Een Streep onder den Naam beteekend de waargenomne Breedte.
LAC. of L. een Meir.
Abxt. of M. en Berg of Geberge.

NAIMAN

M A N

M O N G O L S

C H I N E S C H E

T A R T A R Y E

R. Shilka

Saghalian Ula

Amur

R. Saghalian Ula

R. Ula ou de Tartarie

CARTE DE LA
TARTARIE ORIENTALE
Pour Servir a l'Histoire
des Etablisemens Europeens
Tirée des Cartes Levées par
les P.P. Jesuites.

Echelle
Lieues Marines de France.
Mylen van 20 in een Graad.

OCEAN
OOSTERSE
ORIENTAL
OCEAAN

SAGHALIAN
ULA HATA,
qui veut dire
Isle de la
Bouche noire.

Longitude de l'Isle de Ferro
Lôote van 't Eiland

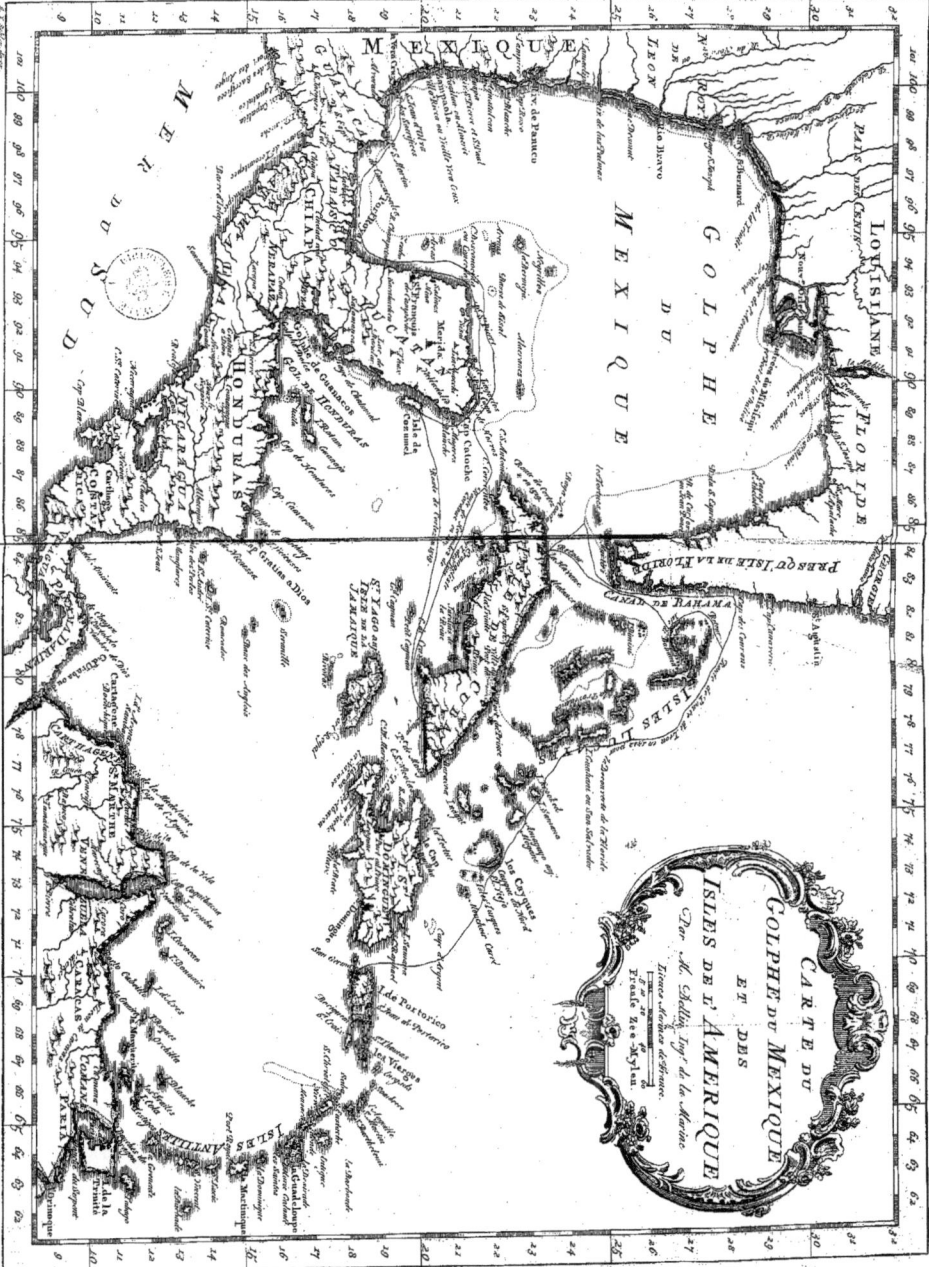

MEXIQUE

M E R  D U  S U D

GOLPHE DU MEXIQUE

LOUISIANE

FLORIDE

CANAL DE BAHAMA

PRESQ' ISLE DE LA FLORIDE

ISLES DU

HONDURAS

NICARAGUA

GUATIMALA

CHIAPA

CANTE DU
GOLPHE DU MEXIQUE
ET DES
ISLES DE l'AMERIQUE
Par M. Bellin, Ing.r de la Marine.
Lieues Marines de France.

KAART VAN DE GOLF VAN MEXICO, EN VAN DE AMERIKAANSE EILANDEN. Door den Hr Bellin, Ing.r der Zee-vaard.

LE PRACEL

I. de S. Salvador ou Guanaha

I. Fernandine

ou Isabelle

ISLE DE CUBA

les Caiques

ISLE D'HAYTI

CARTE DE
L'ISLE D'HAYTI,
Aujourd'hui l'Espagnole, ou
L'ISLE DE St. DOMINGUE,
Avec les Isles voisines;
suivant la Découverte de l'Année 1492.
Et les premiers Etablissements des Espagnols.
Par M. Bellin, Ing.r de la Marine.

Echelle de Lieues Marines de 20. au Degré.
Schaal van Zee Mylen van 20 in een Graad.

Y. BORIQUEN ou
S. JEAN BAPTISTE
ou
Porto Rico

Longitude de l'Isle de Fer.
Lengte van Eiland Ferro.

Longitude Occidentale de Paris.
Westelyke Lengte van Parys.

KAART van't EILAND HAYTI, heedendaags HISPANIOLA, of St. DOMINGO, met de nabuurige EILANDEN.
Volgens de Ontdekking van't Jaar 1492, en de eerste Etablissementen der Spanjaarden. Door den Hr. Bellin, Ing.r der Zee-vaard.

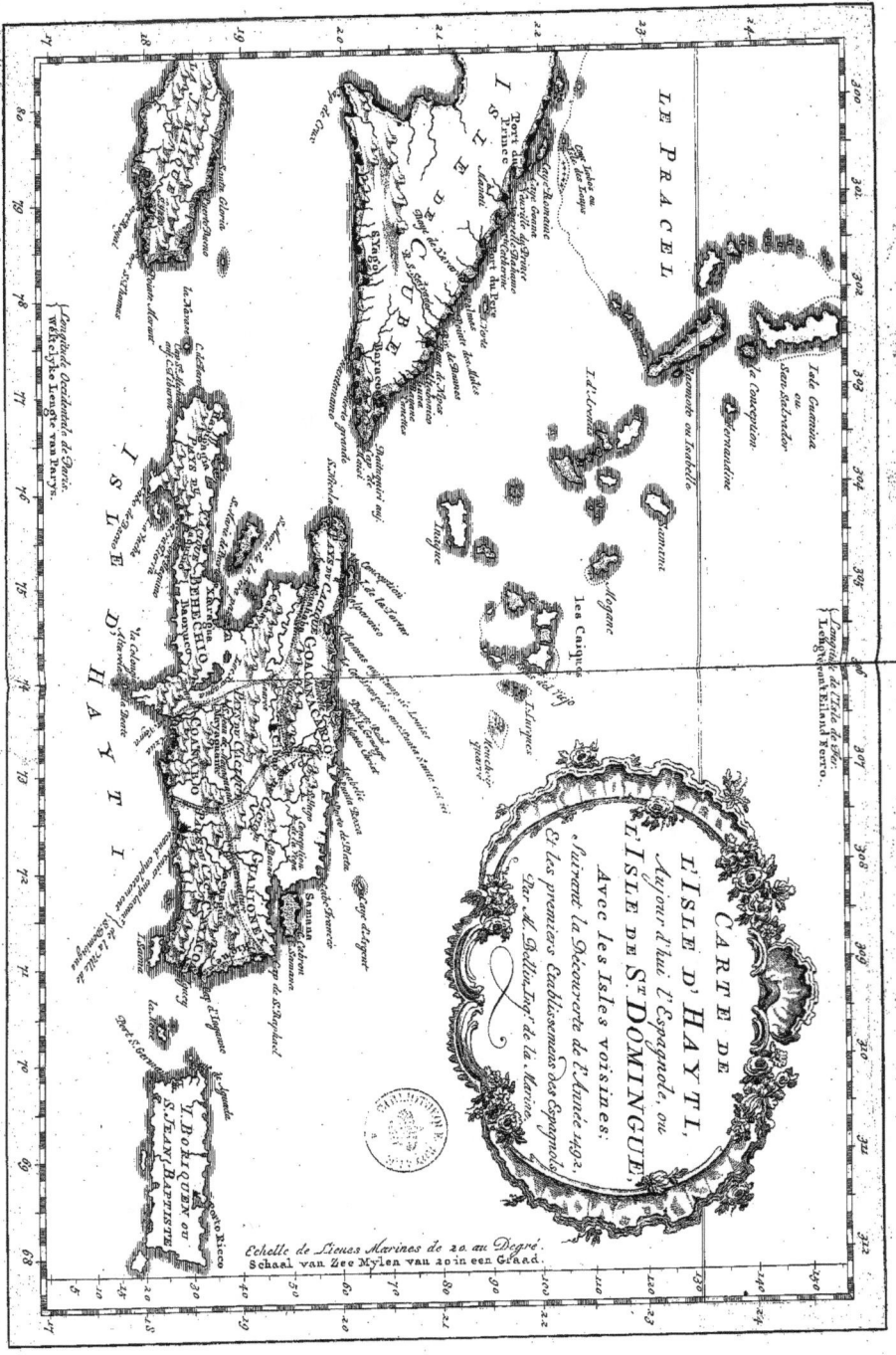

CARTE DU
MEXIQUE
Pour l'Histoire des
Etablissemens Européens
Par M. Bellin Ing.r de la Marine
& du Depôt des Cartes
Gravée Par le M.r Lotter

KAART VAN HET MEXICO, door den Hr Bellin, &c.

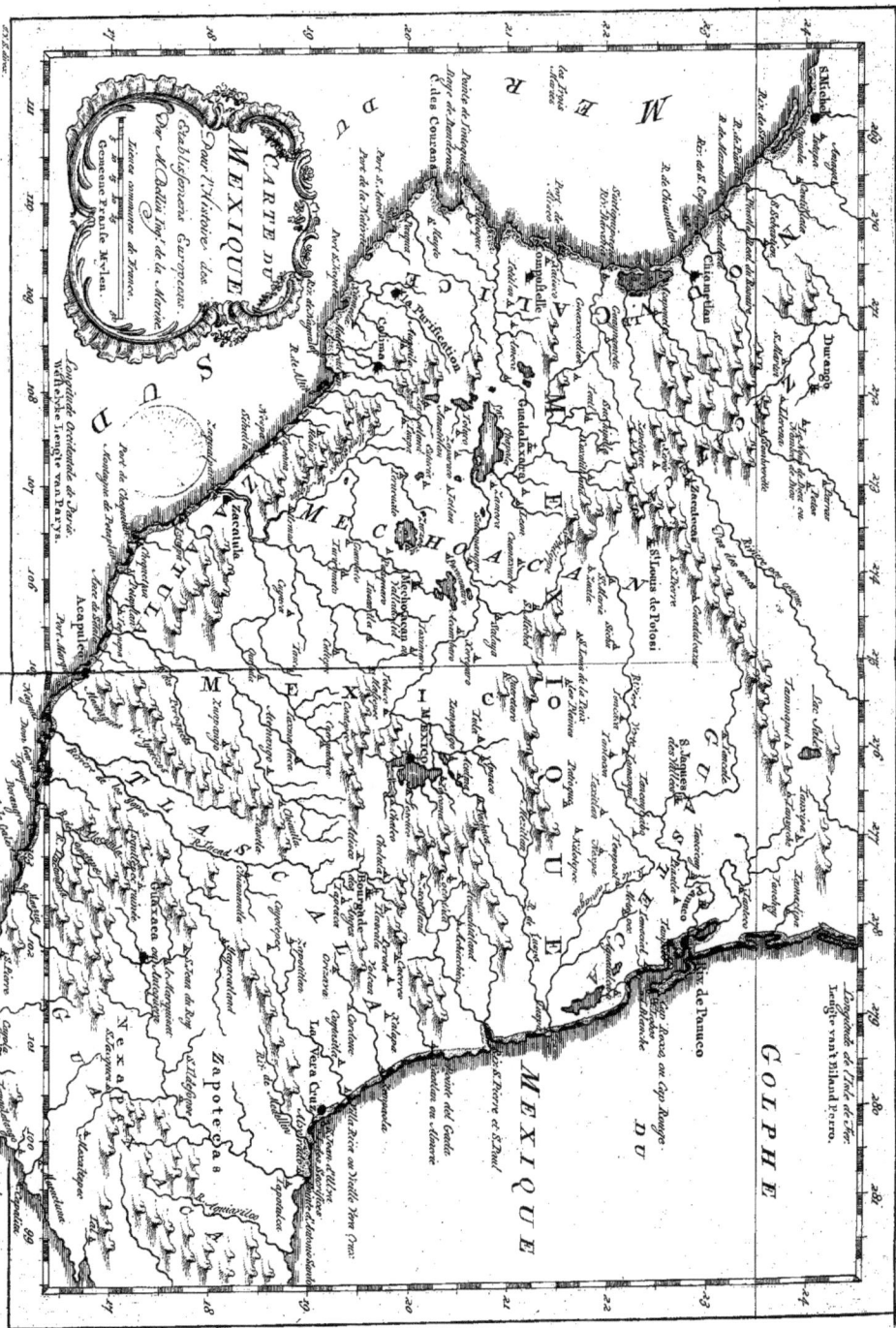

MER DU SUD

GOLPHE DU MEXIQUE

MEXIQUE ou NOUVELLE ESPAGNE

Durango
Chiametlan
Zacatula
Acapulco
Guadalajara
Mechoacan
MEXICO
Guaxaca
La Vera Cruz
S. Louis de Potosi
Zapoteca
Tlascala
Longitude Occidentale de Paris.

Longitude de l'Isle de Fer.
Lengte van 't Eiland Ferro.

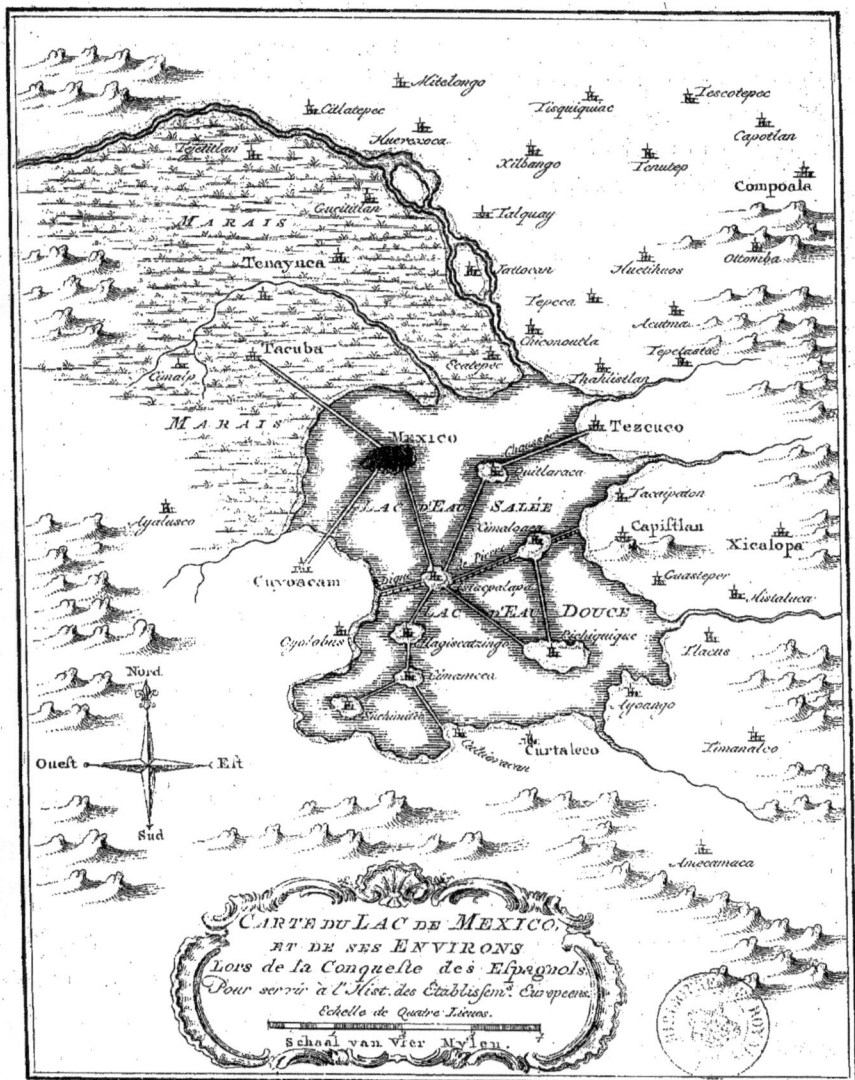

MITELONGO
Cilatepec
Huexoxoca
Tejetitlan
Cucitilan
Talquay
MARAIS
Tenayuca
Tattocan
Tacuba
Xinalp
Erecepec
MARAIS
Ayalusco
Cuyoacam
Cyolobus
Magiscatzing
Zimamcoa
Chichimilco
Cucesvacan
Curtaleco

Tisquiquac
Xilbango
Tenutep
Huetihuos
Oltoniza
Tepeca
Chiconoutla
Acutmec
Thahistlan
Mexico
Quitlaraca
LAC D'EAU SALEE
Cimaloyan
Capistlan
Pic...
Chaecpaloyac
Pichiquique
Magniscatzing
LAC D'EAU DOUCE
Ayoango

Toscotepec
Capotlan
Compoala

Tepetlastac
Tezcuco
Jacaipaton
Xicalopa
Guastepec
Mistaluca
Tlacus
Zimanalco

Amecamaca

Nord
Ouest    Est
Sud

CARTE DU LAC DE MEXICO,
ET DE SES ENVIRONS
Lors de la Conqueste des Espagnols
Pour servir à l'Hist. des Établissem.ᵉ Europeens.
Echelle de Quatre Lieues.
Schaal van Vier Mylen.

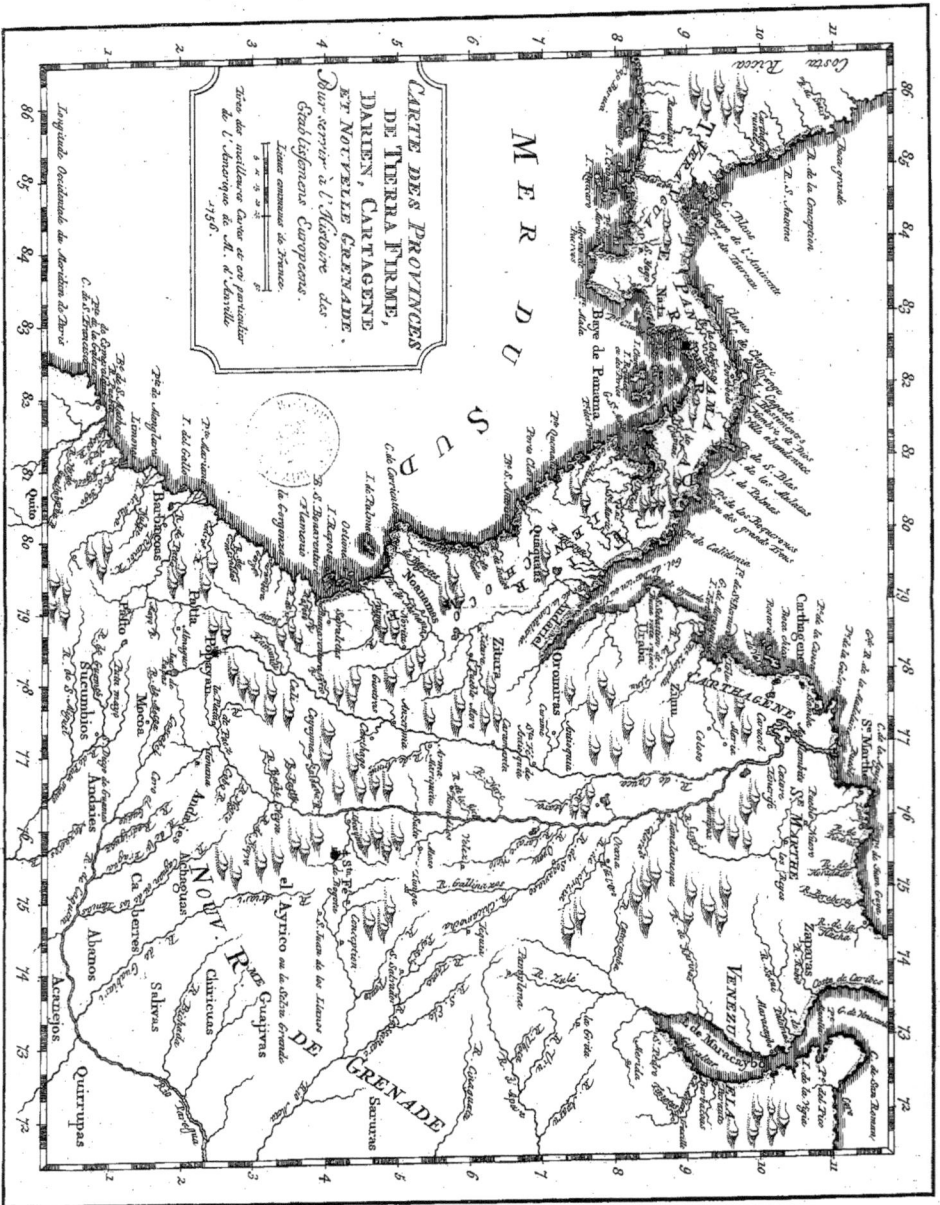

26.ᵉ

CARTE DES PROVINCES
DE TIERRA FIRME,
DARIEN, CARTAGENE
ET NOUVELLE GRENADE.
Pour servir à l'Histoire des
Etablissemens Européens.

MER DU SUD

NOUV.ᵉ R.ᵐᵉ DE GRENADE

VENEZUELA

206

# SUITE DU PEROU
## AUDIENCE DE CHARCAS.

Pour servir à l'Histoire des Etablissemens Européens

Echelle de Lieux communes de France.

Tiré des meilleures Cartes et en particulier
de l'Amérique de M. d'Anville 1756.

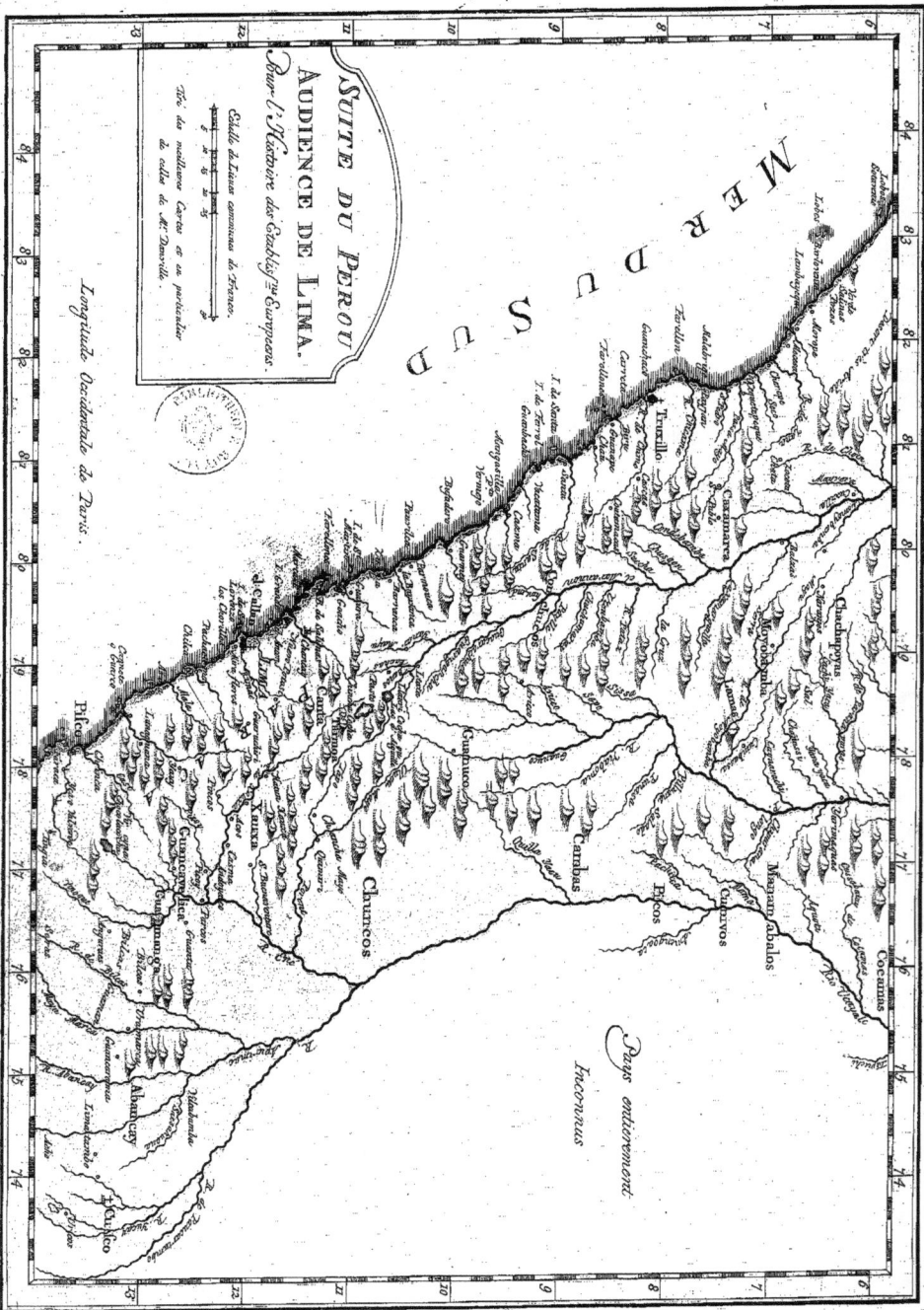

SUITE DU PÉROU

AUDIENCE DE LIMA.

Pour l'Histoire des Établiss.ᵐᵉⁿˢ Européens.

Echelle de Lieues communes de France.

Tiré des meilleures Cartes et en particulier
de celles de M.ʳ Danville.

Longitude Occidentale de Paris.

MER DU SUD

Trucillo

Lima

Pisco

Chuncos

Caribas

Ricos

Cocamas

Pays entièrement
Inconnus

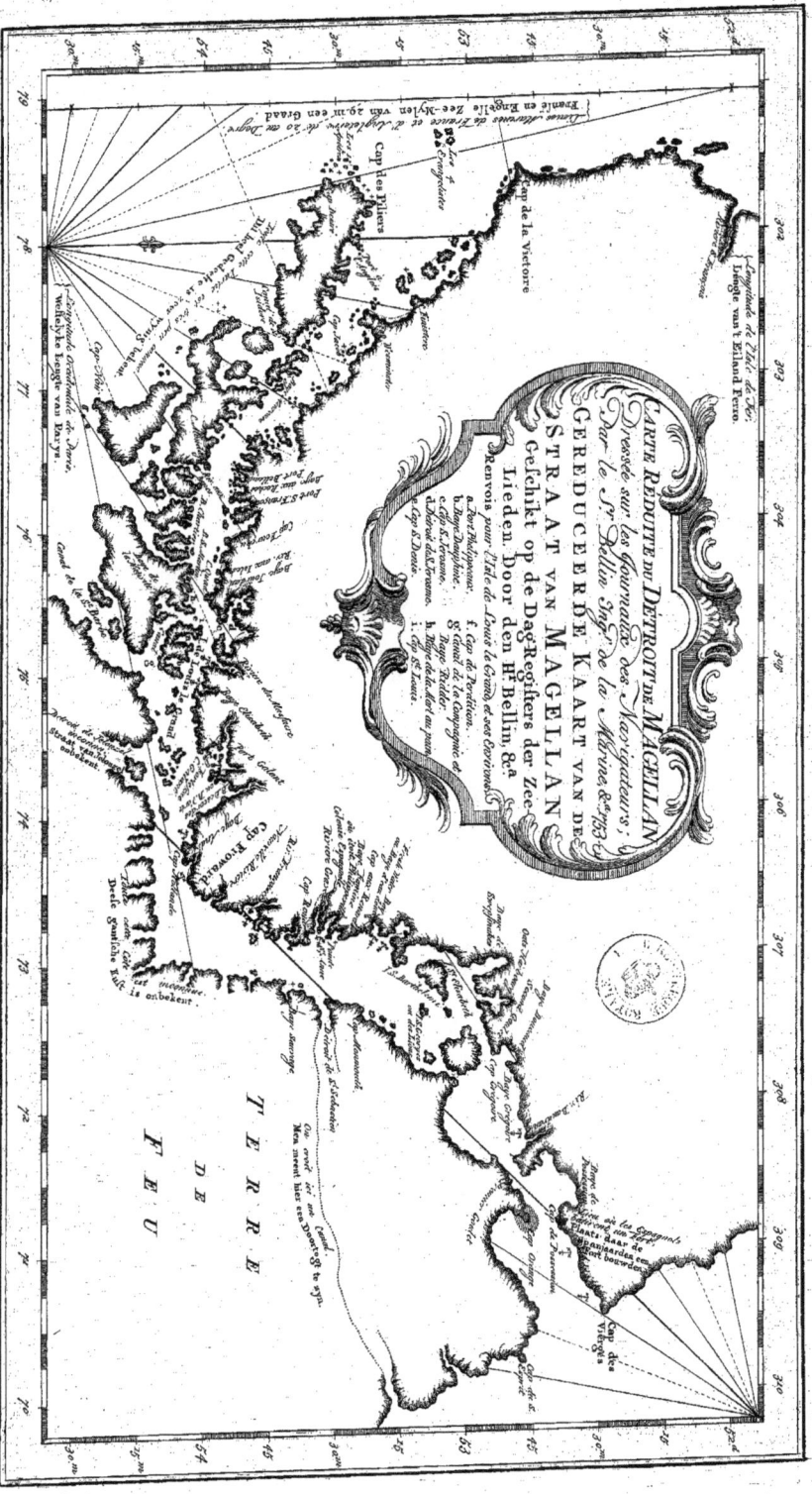

CARTE REDUITE DU DÉTROIT DE MAGELLAN
Dressée sur les Gouvernaux des Navigateurs;
Par le Sr Bellin Ingr de la Marine &c 1753

GEREDUCEERDE KAART VAN DE
STRAAT VAN MAGELLAN
Geschikt op de Dag-Registers der Zee-
Lieden. Door den Hr Bellin, &c.

Renvois pour l'Isle de Louis le Grand, et ses Environs.
a. Fort Philippeaux.
b. Baye Dauphine.
c. Cap S. Yvonne.
d. Détroit de l'Orume.
e. Cap S. Louis.
f. Cap de Perdition.
g. Canal de la Compagnie &c
h. Baye Buddée.
h. Baye de la Mort au point
i. Cap S. Louis.

TERRE DE FEU

Cap des Pilliers
Cap de la Victoire
Cap Noir
Cap Froward
Cap S. Esprit
Cap des Vierges
Cap de Diemen

Longitude de l'Isle de Fer.
Lengte van't Eiland Fero.

Longitude Occidentale de Paris.
Westelyke Lengte van Parys.

**CARTE DU PARAGUAY** et des Pays voisins Pour servir à l'Histoire des Etablissemens Européens.

Échelle
Lieues communes de France.

Longitude Occidentale du Méridien de Paris.

MER DU SUD

PEROU

CHILI

PARAGUA

TUCUMAN

CHARUAS

Buenos Aires

Uraguay R.

Parana R.

Paraguay R.

Assomption

ZAMUCOS

Lac des Xarayes

BRESIL

Rio Janeiro

Equateur ou Ligne Equinoctiale

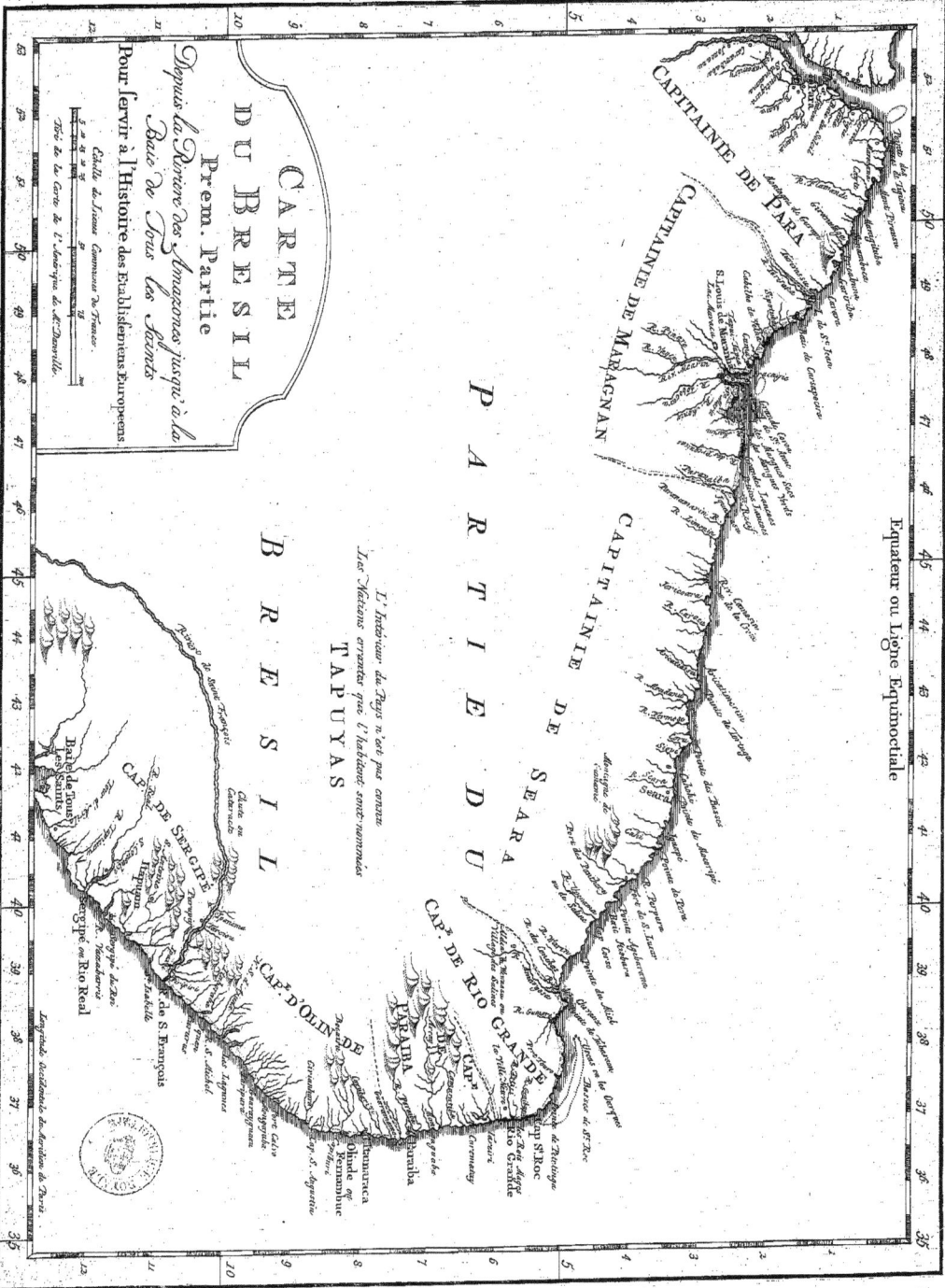

CAPITAINE DE PARA

CAPITAINE DE MARAGNAN

CAPITAINE DE SEARA

P A R T I E   D U

B R E S I L

L'Intérieur du Pays n'est pas connu
Les Nations errantes qui l'habitent sont nommées

TAPUYAS

CAP.e DE RIO GRANDE

CAP.e D'OLINDE DE

CAP.e DE SERGIPE

Baie de Tous les Saints

Chute ou Cataracte

Rivage de Seine François

CARTE
DU BRESIL
Prem. Partie
Depuis la Rivière des Amazones jusqu'à la
Baie de Tous les Saints
Pour servir à l'Histoire des Etablissemens Européens

Echelle de lieues Communes de France

Tiré de la Carte de l'Anonyme de M. d'Anville

Andriveau Iaqoujou Incidebat 1779

Longitude Occidentale du méridien de Paris

Longitude Meridionale

59  58  57  56  55  54  53  52  51  50

R. Tibeto
R. Amambay
24  Mines de Paranapanema  Cutine  24
Mont de Ibotacaru
Jacarini
R. Cuibay  Monte Ibiangi  R. Isubay  Bierre
Grand Sault  Ciudad Real  d'Iguape
Poste  N.D. de la  R. Parenati  I. Cananea
Taruma  Pocaman  Tambo  Camarin
25  N.S. Maria d'Igua  Incarnation  Paparaba  25
R. Iguazu  Ibepupetuba
Ibaroti  Sault  S. Michel  R. de S. Francisco
26  Urapay  Bapitanga  26
Aracacari
Carpes  Sault R. Pequebary  R. Tamanca  Anse de Tapocerei
27  Urugue  27
Martir  R. Tijanis  Anse de Garoupas
La Trinité S. Ignace  Sault R. Puralva  I. de Gal
Loretto  Jesi R. San  R. de S. Vies  Isle Ste. Catherine
28  S. Cosme  Martir  S. Iagar  I. Alvarado  28
S. Joseph  les Apo  Jean Baini  Upaba  Ibuasup
S. Thomas  S. Nicolas  S. Michel  Lac des  I. de Reparo
29  S. Louis  S. Laurent  S. Joachim  Oies  29
S. Borja Tabacua  les Naires  Paranga
S. Cosme  Jorge Andre
30  R. Ibicus  S. Joseph  R. Taramandahu  30
R. Ipita  S. Michel
R. Ibicuitui  S. Christofle
31  Sault  R. Tebiquari  R. Teropi  31
Tiraquias
32  Esplade du Nord  32
Port St. Pierre
Reduction de Mangareira
33  Lac de Merim  33
Lac S. Michel
34  Lac des Castilles  Baie de Mangareira  34

SUITE
DU BRESIL,
Pour servir à l'Histoire des
Etablissemens Europeens.
Lieues communes de France.
† Villages d'Indiens et Missions ruinées.
Tiré de la Carte de l'Amerique de
Mr. Danville.

35  Cap. Ste. Marie  35
I. de Lobos
RIV. DE LA PLATA  Longitude Occidentale du Meridien de Paris.

60  59  58  57  56  55  54  53  52  51  50

PARTIE DU PARAGUAI
PARTIE DU BRESIL
GUARANIS

## Map labels

Longitude scale (top): 49 48 47 46 45 44 43 42 41 40

Latitude scale (left/right): 13 14 15 16 17 18 19 20 21 22 23 24

BRESIA

*Etendue de Pays desert et peu connu*

Grandes Plaines

S. Antoine d'Urubu

Grandes Plaines

le Rosaire

Lac Parapitanga

Ville Neuve du Prince

Villarica

S. Paul
Santos

Salvador
de Tous les Saints

Los Ilheos ou les Isles
Village des Indiens

S. Antoine
Porto Velho
Ponta Gorda
S.te Crux
S. Iongue
S. Amaro
R. des Freres
R. Iace
R. Sarbabitiba
Abrollos C'est-a-dire
les Rochers

I. Gocré
Pointe de Rio Dolce
I. du Repos
R. Barreiras
Rochor
Villa Ilha

I. de Goropani

I. des François
Lac de Pécherie

Cap S.t Thomas
C. Frio

Rio Janeiro

Porto Seguro

SUITE
DU BRESIL,
Depuis la Baie de Tous les Saints
jusqu'à St. Paul.

*Pour servir à l'Histoire des Etab. Europ.*

*Tiré de la Carte de l'Amerique de M.r Danville*

Lieues communes de France

Longitude Occidentale du Meridien de Paris.

296

CARTE DU COURS DU MARAGNON OU DE LA GRANDE RIVIERE DES AMAZONES

Dans sa partie navigable depuis Jaen de Bracamoros jusqu'a son Embouchure et qui comprend la Province de QUITO et la Côte de la GUIANE depuis le Cap de Nord jusqu'à Essequebé.

Levée en 1743 et 1744 et assujettie aux Observations Astronomiques par M. de la Condamine de l'A.R.d. des Sc.

Augmentée du Cours de la Rivière Noire et d'autres détails tirés de divers Mémoires et Routiers manuscrits de Voyageurs modernes.

PARTIE DE L'AMERIQUE MERIDIONALE

MER DU SUD

NOUVRE DE GRENADE

PEROU

PORTUGAIS

ESPAGNOLES

MISSIONS PORTUGAISES

BRESIL

GUIANE

HOLLANDOISE Surinam

MER DU NORD

Ligne Equinoctiale

Ile de Joannes ou de Marayo

Copie sur la Carte jointe a la Relation du Voyage de l'Amerique Meridionale par M. de la Condamine.

KAART VAN HET EILAND CAYENNE, en omleggende Plaatzen. Door den H.r Bellin, &c.

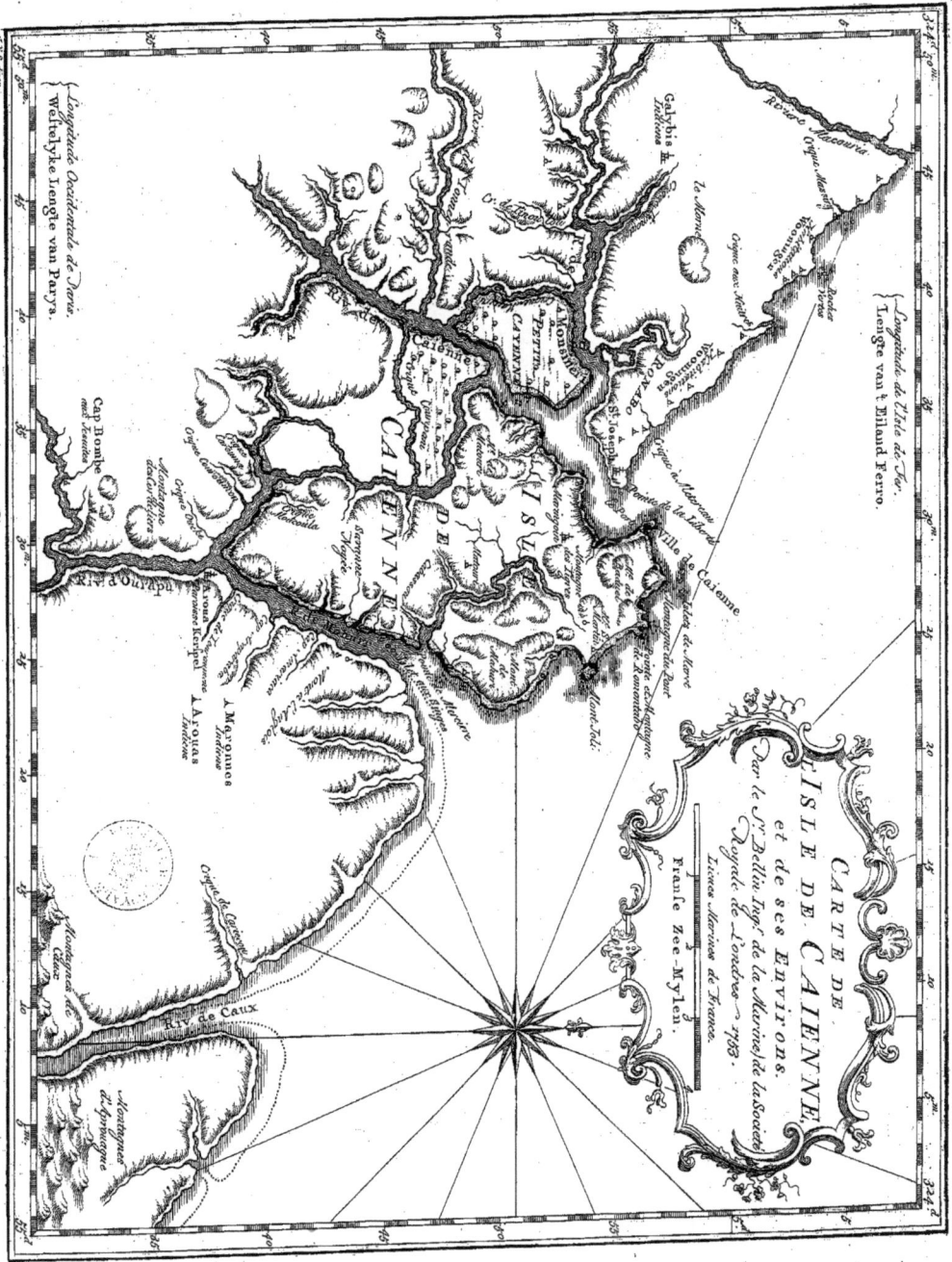

Longitude Occidentale de Ferro.
Westelyke Lengte van Parys.

Longitude de l'Isle de Fer.
Lengte van 't Eiland Ferro.

CARTE DE
L'ISLE DE CAIENNE,
et de ses ENVIRONS.
Par le S.r Bellin, Ing.r de la Marine et de la Société
Royale de Londres 1763.

Lieues Marines de France.
Franse Zee-Mylen.

Riviere Macoura

Galibis &.
Indiens

Orgue mit Heuvel

Isle Moria

Ville de Caienne

Cap Bombe
met Ivoeben

Montagne
des Caffeliers

Orgue Point

Cap.ne Bomba
met Ivoeben

Montagne
de Caux

Baye de Caux

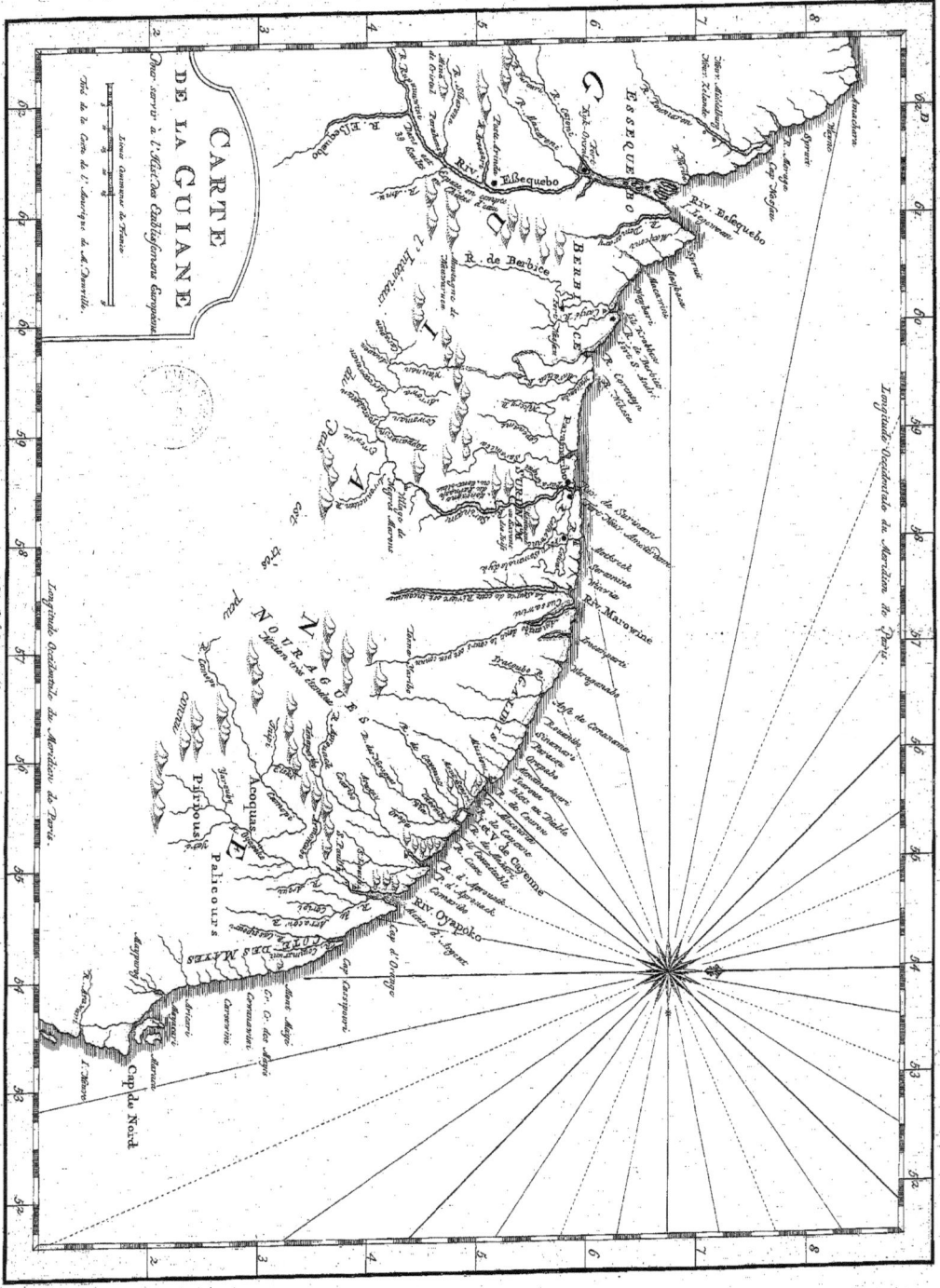

CARTE
DE LA GUIANE

Qui sert à l'Hist. des Etablissemens Européens

Lieues Communes de France

Tiré de la Carte de l'Amérique de M. d'Anville.

Longitude Occidentale du Méridien de Paris.

Longitude Occidentale du Méridien de Paris.

Cap de Nord

CÔTE DES MAYES

Palicours

Acoqua

NOURAGUES

SURINAM

BERBICE

ESSEQUEBO

Riv. Oyapoko

Riv. Marowine

R. de Berbice

Rv. Essequebo

32

CARTE
DE LA LOUISIANE
et Pays Voisins.
Pour servir à l'Histoire
des Etablissemens Europeens.
Lieües communes de France.

GOLFE DU MEXIQUE

LOUISIANE

FLORIDE

Apaches les Sept-Rivières

les Chouanons

les Cadodaquios

les Natchitoches

Taensas

Ces Contrées de
les Nations Sauvages
sont peu connuës

LAC MICHIGAN

GEORGIE

CAROLINE

S.t Louis
en Nouveau

PRESQU'ISLE DE LA
FLORIDE

# CARTE DES LACS DU CANADA

Pour servir à l'Histoire
des Etablissemens Européens.

Lieues communes de France.

Par M.R. Ing. de la Mar.

LAC SUPERIEUR

LAC MICHIGAN, ou des Illinois

LAC HURON

Lac ERIE

LAC ALIMIPEGON

Lac Temiscaming

Lac des Alinibis

MASCOUTINS

PAIS DES

NOUVELLE YORK

Montreal

Albany

Iroquois

Riv. de Hudson

R. Monongoie

R. Amipistes

R. aux Elans

R. au Renard blanc

R. Misipicaten

Baie de Archipelecten

Bagouagache

Lac Champlain

34

CARTE DU COURS DU
FLEUVE DE St. LAURENT
Depuis son Embouchure jusqu'au
dessus de Quebec.
Pour servir à l'Histoire
des Etablissemens Européens.

Lieues communes de France.

Par M. B. Ingr. de la Mer.

FLEUVE DE St. LAURENT

GASPESIE

ISLE D'ANTICOSTI

Longitude Occidentale du Méridien de Paris.

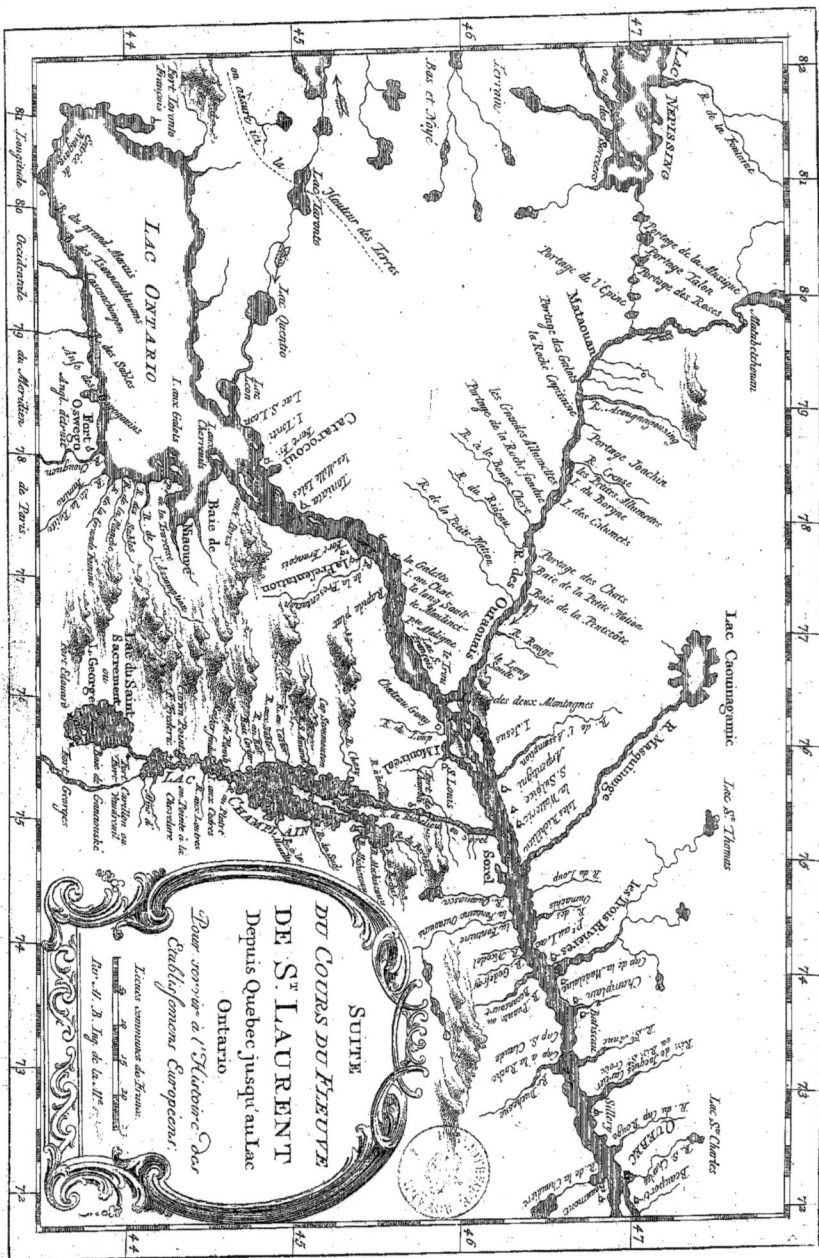

LAC NEPISSING

LAC ONTARIO

LAC CARACOUÏ

LAC S. SACREMENT ou L. George

LAC CHAMPLAIN

Lac Caouinagamic

Lac Ste Thomas

Lac Quecabo

Lac S. Leon

Fort Toronto françois

Fort Oswego ou Chouaguen

Baie de Niaouïré

Mataouan

Lemiscamin les Illinois

Riviere des Outaouais

Portage de la Musique
Portage Talon
Portage des Roses

Portage de l'Epine

Portage des Gobelets
Portage des Chats
Baie de la Petite Nation
Baie de la Pentecôte

R. Rouge

Lac des deux Montagnes

Trois Rivieres

Quebec

R. St Charles

SUITE
DU COURS DU FLEUVE
DE St LAURENT
Depuis Quebec jusqu'au Lac
Ontario
Pour servir à l'Histoire des
Etablissemens Européens.

Lieues communes de France.

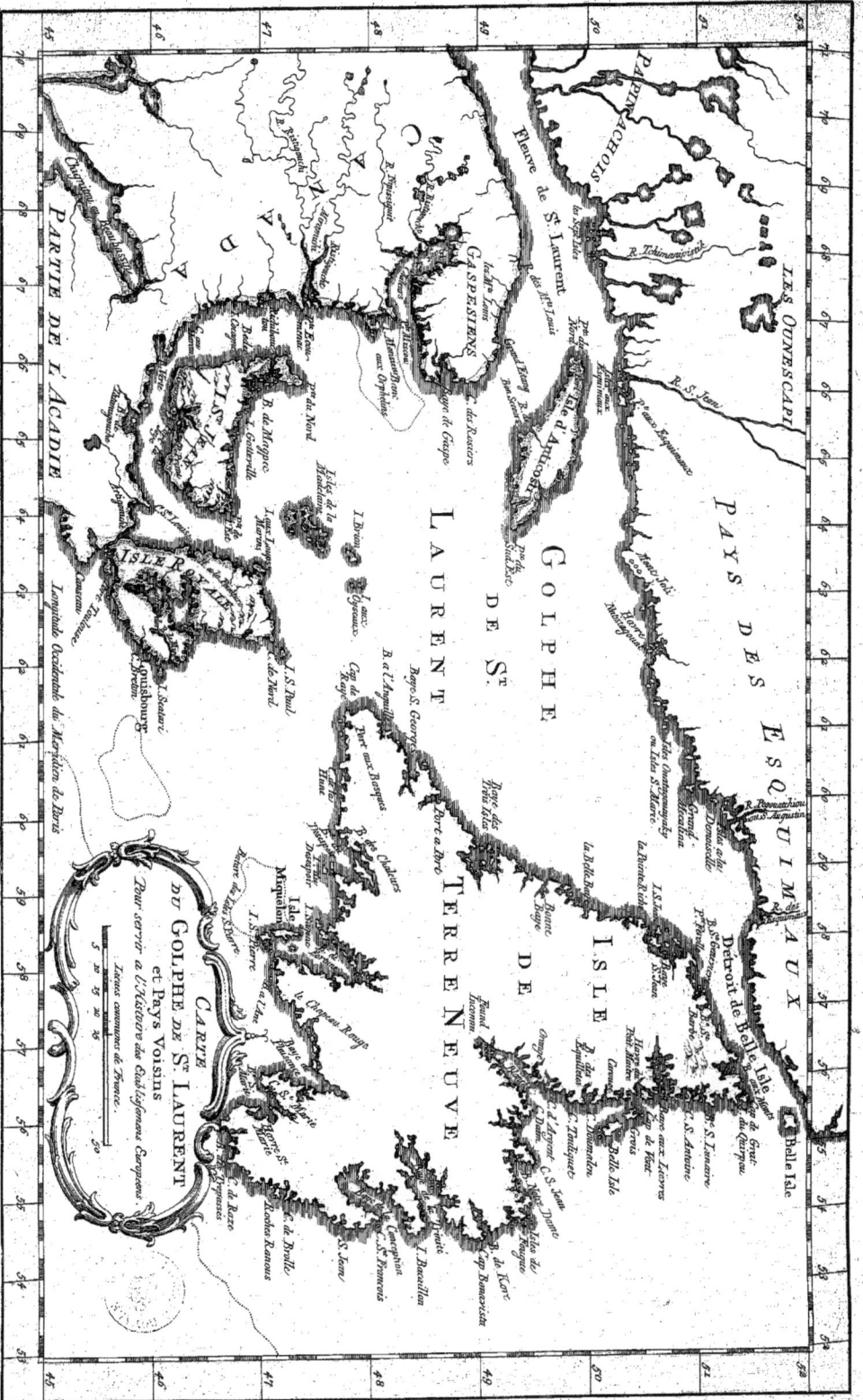

LES OUINESCAPI

PAPINACHOIS

Fleuve de St Laurent

R. Tchimanivini

R. S. Jean

PAYS DES ESQUIMAUX

C A N A D A

GASPESIENS

PARTIE DE L'ACADIE

ISLE ROYALE

GOLPHE DE St LAURENT

ISLE DE TERRE NEUVE

Détroit de Belle Isle

Belle Isle

CARTE
DU GOLPHE DE St LAURENT
et Pays Voisins
Pour servir a l'Histoire des Etablissemens Europeens
Lieües communes de France.
5  10  15  20  25
50

Longitude Occidentale du Meridien de Paris

# CARTE de la BAIE DE HUDSON

Pour servir à l'Histoire des Etablissemens Europeens.

*Lieues communes de France*

BAIE DE HUDSON

BAIE DE JAMES

DÉTROIT DE HUDSON

ISLE BARREN

BONNE FORTUNE

ISLE DE

NOUVE BRETAGNE

LABRADOR

ESQUIMAUX

Baie de Cumberland

Baie de Chesterfield

Cap des Esquimaux

Cap Chidley ou Bout du Labrador

Cap Walsingham

Cap Digges

Cap Farewell

Cap Charles

Cap Henriette-Marie

Côte du Nord

Côte du Sud

Isle Mansfield

I. Resolution

Rivière des Esquimaux

Lac du Loup-Marin

Nation du Castor, bon

Nouv.le de la Montreal

Etendue de Pays entierement inconnue

Fort Churchill ou R. Danoise

Port Nelson

Fort d'Yorck

Port de Severne

Fort de Albany

Fort Rupert

Port S.t Pierre

Lac Alemipigon

Longitude Occidentale du Méridien de Paris

Latitude

Méridien de Paris

CARTE
DE L'ACADIE
et Pais Voisins
Pour servir à l'Histoire
des Etablissemens Européens,
Par M.B. Ing.r de la Marine

Lieues communes de France

Cap de Nord

Cap de Sable

Longitude Occidentale du Meridien de Paris

Bancs de l'Acadie, où la Pêche est très bonne

BAIE FRANÇOISE ou de Fundy

PARTIE DU NORD

ISLE SAINT JEAN

ISLE ROYALE

37

# CARTE
## DE LA NOUVELLE ANGLE'TERRE,
## NOUVELLE YORK ET PENSILVANIE

*Pour servir à l'Histoire des Etablissemens Européens.*

*Lieües communes de France.*

LAC ERIÉ

LAC ONTARIO

PENSILVANIE

LES V. NATIONS IROQUOISES

NOUVELLE YORK

JERSEY

LA LONGUE ISLE

NOUVELLE ANGLETERRE

CONNECTICUT

MASSACHUSET

NEW HAMPSHIRE

Baie de Niaoures

Baie de Boston

Cap Cod

Baie de Pentouskeet ou Pentagoet

Baie de Sagadahock

CARTE
de la VIRGINIE,
du MARYLAND, DE LA BAIE
DE CHESAPEACK
et Pays Voisins
Pour servir à l'Histoire
des Établissements Européens.
Tirée des meilleures Cartes Anglaises.

Lieues Communes de France

CARTE
DE LA CAROLINE
ET GEORGIE

Pour servir à l'Hist. des Etablissemens Europeens

Lieues Communes de France

Tirée des meilleures Cartes anglaises par A. B. Ing. de la Marine.

L O U I S I A N E

V I R G I N I E

G E O R G I E

C A R O L I N E

PAIS DES APALACHES

Cap Fear

Cap Lookout

Cap Hatteras

Baie d'Albemarle

Edenton

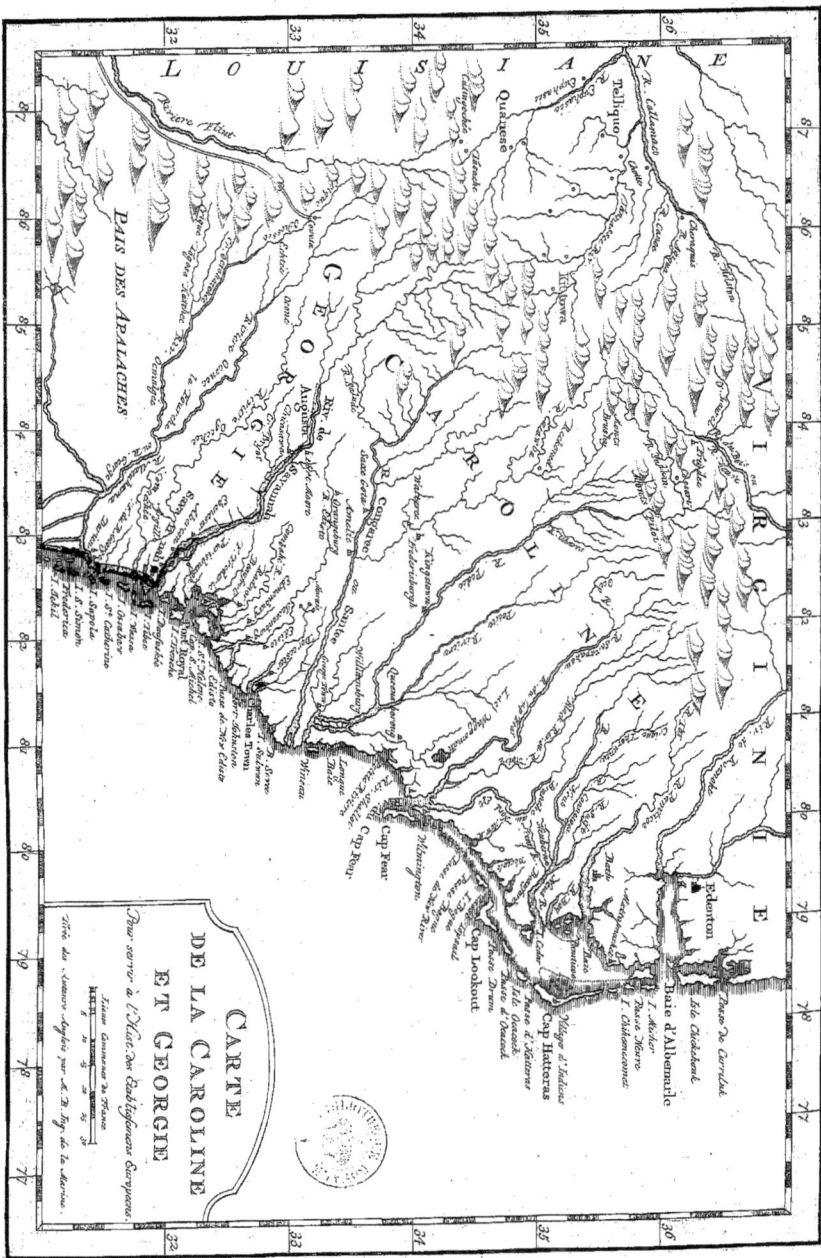

LOUISIANE

VIRGINIE

PAIS DES APALACHES

GEORGIE

CAROLINE

CARTE
DE LA CAROLINE
ET Te GEORGIE

Pour servir à l'Hist. des Etablissemens Européens.

Edenton
Baie d'Albemarle
Cap Hattaras
Cap Lookout
Cap Fear
Charles Town

BIBLIOTHÈQUE

www.ingramcontent.com/pod-product-compliance
Lightning Source LLC
Chambersburg PA
CBHW072115090426
42739CB00012B/2979